用得上的资本论

当代社会人生存指南

周德宇 × 著

辽宁人民出版社

目录

01 价格是这样达成共识的 001
——商品

劳动最光荣 // 003　商品的价值是怎么确定的 // 004　定价1元的价值共识 // 007　商品价值的本质是什么 // 009　商品也在不断"贬值" // 012　全球化让社会生产率产生竞争 // 014　钻石价格是骗局吗 // 015　**商品拜物教** // 018　抛弃劳动价值论的代价 // 019　"流量"拜物教 // 021

02 人是逐渐学会用钱交易的 025
——货币

货币不是凭空创造出来的 // 027　以物易物终归是不现实的 // 028　有了中间介质更方便交换 // 029　金银跟不上经济发展速度 // 032　货币代替了金本位 // 034　"可以扫码支付吗？""可以。" // 035　手机支付是什么原理 // 036　"网红"比特币并不安全 // 037　数字货币不存在使用价值 // 039　数字货币需要物质承担者 // 040　如何看待货币符号化的未来 // 041

03 谁是韭菜，谁是资本家？ | 047
——资本的形成

货币解决了以物易物的麻烦 // 049　花钱才能买到东西 // 049　商品卖出去才是关键 // 050　劳动力也是可以拿来"卖"的 // 052　社会需要，商品才能卖出去 // 053　货币→商品→货币 // 056　资本就是"钱生钱" // 056　等价交换资本并不增殖 // 058　低买高卖是特殊的增殖手段 // 059　资本生息并非长久之计 // 060　劳动力是被资本购买的商品 // 061　人人都想做割韭菜的资本家 // 063　放高利贷的资本家不好干 // 064　小资本家也在给大资本家打工 // 065　成功学故事，听听就好了 // 068

04 "薪"尽自然凉 | 071
——劳动力的买卖

走进工资的本质 // 073　工资由什么来决定 // 075　工资就是维持生计的补偿 // 077　工资还包含了家庭和教育成本 // 080　历史和道德对工资的约束 // 083　劳动者的抗争会影响整体工资水平 // 086　工资为什么总是"月光" // 087　劳动者的地位是天然不利的 // 087　劳动者其实在为资本家冒风险 // 089　资本家心里明知自己的天然优势 // 092

05 劳动者们，快到碗里来！ 095
——劳动过程和价值增殖

劳动者要做什么？——劳动就好了 // 097　你热爱的是自由劳动 // 097　你不热爱的，是被异化的劳动 // 099　我们亲手生产的产品却不属于自己 // 102　**资本家要做什么？——让资本增殖** // 106　资本增殖是这样实现的 // 106　剩余价值——另外半个工作日的产出 // 108　**赚了钱是谁的功劳？——剩余价值的所有权** // 112　资本家：我投入资本的功劳 // 112　劳动者拯救了资本家的机器 // 115　资本家也拿自己的勤奋说事儿 // 117　资本家本就是无休止地谋取利润 // 118　资本家的活儿，我们真的干不了吗 // 121　伊万卡当年怎么卖掉的柠檬水 // 122

06 到底是谁在鼓吹"996" 125
——剩余价值率和工作日

剥削与被剥削 // 127　什么是不变资本与可变资本 // 127　资本家的利润源泉——劳动力 // 130　当资本家遇上罢工 // 131　资本家出钱就可消解危机 // 133　"剥削"才是资本家的底色 // 134　**剥削为何是残酷的？——工作日** // 138　剥削率，还是利润率？ // 138　权利的对抗注定不可避免 // 140　**当工人的血泪史照进现实** // 143　两百年前无止尽的工作日 // 143　资本家为什么不用担心雇不到人 // 147　资本家的眼中，时间就是利润 // 150　通信工具算法下的现代劳动者 // 152　"996"的历史在不断重演 // 154

07 文明的、精巧的剥削 — 相对剩余价值　　159

更隐蔽的剥削——相对剩余价值 // 161　工作日的延长是有极限的 // 161　生活成本的降低是无下限的 // 163　**提升相对剩余价值的手段——生产力** // 165　政府可以提供廉价商品 // 165　资本家竞相提高生产力赚取利润 // 167　追逐相对剩余价值具有历史意义 // 169　**协作** // 172　人多自然力量大 // 172　资本主义的大规模协作 // 174　**分工** // 177　分工能够提升工作质量 // 177　生产一只手表需要多少局部工人 // 179　从专业化发展到"半白痴" // 181　分工导致阶级内部的分化 // 184　分化使劳动者无法团结起来 // 187

08 "社畜"的诞生史 — 机器和大工业　　189

机器大工业对社会意味着什么 // 191　"工具机"的诞生使工人成为配角 // 191　人工智能从辅助到取代人类劳动 // 193　机器取代劳动是逐步实现的 // 195　机器与廉价工人的竞争一刻也未停止 // 196　工场手工业工人不会轻易转行 // 198　机器大工业让职业流动起来 // 199　**机器大工业给劳动者带来了什么** // 202　机器让更多的人失业 // 202　工人越来越"不值钱" // 204　更多的劳动力涌来替代在岗者 // 205　效率越高,被分配的活儿越多 // 207　资本家因为拥有机器而成为"主人" // 209　**机器大工业对未来意味着什么** // 212　永无休止的苦役 // 212　收入增加了,还是东西更便宜? // 214　技术让白领比蓝领更无处躲藏 // 216

09 努力工作,为什么还贫穷 　　219
——资本积累和资本主义再生产

资本主义生产的自我循环 // 221　资本家的第一桶金从哪里来？ // 221　资本家从不消费自己的本钱 // 222　站着挣钱,然后躺着收钱 // 224　富人越富是事实 // 225　自我生产与购买的无限循环 // 227　越工作,越成为资本主义的一部分 // 229　**资本主义社会的自我建设** // 231　政府干预:被用时朝前 // 231　借邻居的锅蒸出的馒头归谁 // 234　你知道自己被依法有序地剥削吗 // 236　资本主义的"思想钢印" // 240

10 为什么越发达越容易失业 　　245
——资本积累的一般规律

最简单的资本积累——有机构成不变 // 247　到底什么是资本的有机构成 // 247　老板为什么同意给你涨工资 // 249　靠攒工资能当上资本家吗 // 250　**失业的前奏曲——资本积累的爆发** // 253　大鱼吃小鱼,大资本吃掉小资本 // 253　资本家吃肉,工人只能喝西北风 // 255　**资本主义积累的绝对的、一般的规律** // 258　失业人口是重要的"产业后备军" // 258　别的人失业才能保住你的职位 // 260　有人享受发展的成果,就有人付出同等代价 // 265　永不消失的贫困与失业 // 267　21世纪的"伦敦纺织厂工人" // 269

11 在黎明来临之前 | 273
——原始积累和殖民主义

资本家不会说的原始积累秘密 // 275　资本家亲手熬制"成功学鸡汤" // 275　第一桶金必然是带血的 // 278　原始积累的历史经验 // 281　**资本主义国家的"发达"之路** // 284　殖民主义：暴力就是经济力 // 284　国家力量从未隐退 // 287　各种税收制度难逃不公平的影子 // 290　**为什么只有社会主义才能救世界** // 293　资本主义不过是人类历史的一个阶段 // 293　社会主义才是人类的未来 // 298

后 记 | 301

01

价格是这样达成共识的

——商品

"即便甜咸豆腐脑做出来味道不同,但人们在制作豆腐脑上耗费的劳动量,却是完全可以比较的。"

很多人以为马克思的《资本论》是一部高深难懂的巨著，但其实，它讲述的并非什么宇宙玄学，而是日常资本社会如何运作的基本经济规律。因此，马克思在《资本论》中就是以看似平常的"商品"作为开篇的。

但马克思真正石破天惊的、体现出马克思主义经济学与其他学说差别的地方，在于探析商品背后一个神秘的概念——价值，即"劳动价值论"。我们就从"花1元钱买一瓶水"说起，来窥探这个简单的经济行为背后隐藏的秘密。

劳动最光荣

"劳动创造价值，商品中凝结着人类无差别的劳动"，这听起来朴素直观。

但如今主流意义上被称为"经济学"的当代西方经

济学理论,"劳动"与"价值"却是没有关联的。

这中间发生了什么呢?为什么马克思认为如此重要的劳动价值论,却被主流经济学无视?

商品的价值是怎么确定的

我们的第一反应可能是——看定价。价签上标着多少,这个东西就该值多少。

价签上的价格又是怎么确定的呢?

有人会说,商家觉得自己定的价不仅能卖出去还有得赚,这个商品就定多少钱。

商家又是如何确定自己多少钱能卖出去呢?

到了这一步,主流西方经济学的解释是,要考虑消费者的效用。

在这一理念下,商品的价值是一个动态博弈的结果:

消费者考虑到一样商品能给自己带来多少主观上的边际效用(不是指一样商品的总效用,而是每多一个单位所能带来的效用)。

比如说,水是生命之源,对于我们的总效用是极大的，但是我们平日里每多喝一瓶水能多带给自己的效用其实没多少，这意味着我们给水的定价就不会高。

相反，在干旱的沙漠地带，额外多一点水就是生与死的差别，所带来的效用会使水比钻石还要贵。

这样一来，每个消费者对商品的价值存在心理预估，生产者若想以尽可能高的价格卖出尽可能多的商品，就必须调整商品的价格来适应消费者的需求。价格定得太高，商品积压，生产者就得降价；反过来，价格太低，供不应求，价格自然提高。

在供求双方的不断调整中，最终达到一种动态平衡，使得商品能够以供求双方都满意的价格卖出去，价格就被确定了下来。

这就是主流经济学对于一件商品如何确定价值的解释，也就是所谓的"效用价值论"。

乍一看也合情合理是不是？

但是这样一来，商品的价值就是一件主观的，不断随时间、地点和个人意愿而变动的事物，同一种商品的价值，在不同人眼中就完全不一样了。

欧·亨利经典故事《麦琪的礼物》中，男人卖了自己的表，为妻子买了梳子。但此时因为没有了表，妻子卖掉长发为他买的表链也就没有了效用。按照主流经济学的理论，那个倒霉的表链，居然莫名其妙地丧失掉了自己对于男人的价值。

可是我们能说，这个表链本身是没有价值的吗？显然有些奇怪。

毕竟，这个表链对世上其他有需要的人还是有价值的，不然为什么妻子要牺牲自己的长发买下这个表链呢？

对此，主流经济学只能认为，商品本身没有本质的不变的价值，只有表面上不断变动的价格。

显然这样的解释难以令人满意。

还有，为什么一样商品的价位是在这个范围波动而非别的范围呢？

打个比方，为什么不把瓶装水的价格定到一百块或者一毛钱？当然，一瓶水的价格会随市场状况而波动，但是我们都知道，这个波动一般不会太过离谱。

主流经济学家会说，定价太高了消费者不愿意买，太低了生产者不愿意卖。

这又变成了一个循环论证：消费者说价格是生产者定的，生产者又说价格是消费者来定的，如同鸡生蛋蛋生鸡……

即使价格由两方共同决定,但总要有个决定的基础吧?这个基础又是什么呢?总不能是买卖双方的心灵感应吧?

定价1元的价值共识

1元钱,代表什么样的价值?

我们假设1元钱可以买一个馒头、一叠纸、一本特价电子书,或者某个手机游戏的首充礼包。以这个1元钱为中介,我们可以把这么多的商品等同起来。

为什么我们会不约而同地认为,这些东西的价值能够大致等同呢?

这时,马克思提出了一个概念,即"交换价值"。顾名思义,就是商品之间"相交换的量的关系或比例"。

马克思并没有否认商品的效用价值,他承认商品与生俱来对人的有用性,即"使用价值"。这是商品的二重性之一,也是当今主流经济学家所关心的。

但是,马克思更关注商品的另一层属性——价值,也是商品的内在本质所在。

他意识到，假若这个世上的商品不存在一种内在的、固定的、本质的价值，一切都是纯粹的偶然，那么就很难解释，为什么不同的商品可以在共同的基准下进行交换。

当然，你也可以强行说，一瓶水让我大脑中分泌的多巴胺的量等同于一本电子书，所以给自己主观感觉的效用是相同的，但是这种强词夺理好像没什么说服力。

这里就有了一个谜题：不同的物品，尽管带来了不同的使用价值，它们之间却可以互相交换。这是为什么呢？

对此，马克思进行了一段精彩的论证：

> 在两种不同的物里面……有一种等量的共同的东西……这种共同东西不可能是商品的几何的、物理的、化学的或其他的天然属性。商品的物体属性只是就他们使商品有用，从而使商品成为使用价值来说，才加以考虑。而另一方面，商品交换关系的明显特点，正在于抽去商品的使用价值。在商品交换中，只要比例适当，一种使用价值就和其他任何一种使用价值

完全相等……

> 作为使用价值，商品有质的差别；作为交换价值，商品只能有量的差别，因而不包含任何一个使用价值的原子。*

马克思把西方主流经济学家在他去世后多年开始信奉的效用价值论，提前排除出了价值的定义中。

商品价值的本质是什么

抽去了使用价值，还剩下什么呢？马克思在此继续论证：

> 如果我们把劳动产品的使用价值抽去……它们也不再是木匠劳动、瓦匠劳动、纺纱劳动，或其他某种一定的生产劳动的产品了……各种劳动不再有什么差别，全都化为相同的人类劳动，抽象人类劳动。

---

* 全书引文均引自《马克思恩格斯文集》第五卷（《资本论》第一卷），人民出版社2009年版。

从使用价值的角度来看,商品是千差万别,无从比较的。就好像甜豆腐脑和咸豆腐脑带给人的味觉体验是不同的,非要分个高下会破坏人际关系的。

这个时候,就需要透过现象看本质,找到蕴含在商品中的共性。而这个共性就是——商品是人类劳动的产物。

即便甜咸豆腐脑做出来味道不同,但人们在制作豆腐脑上耗费的劳动量,却是完全可以比较的。

这个劳动量,就是商品价值的基础。

> 这些物现在只是表示,在它们的生产上耗费了人类劳动力,积累了人类劳动。这些物,作为它们共有的这个社会实体的结晶,就是价值——商品价值。

这个价值量是怎么计算的呢?

即我们所熟悉的"社会必要劳动时间",即在社会平均的劳动熟练程度和劳动强度下制造某种使用价值所需要的劳动时间。

马克思看待"甜咸党"之争

就是说，一件商品的价值，取决于整个社会的平均生产力水平。因此，价值在一定时期内是固定不变的，不随生产者个人的效率而改变。

试想一下，如果社会上平均都是用一小时生产一件衣服，那么用两小时生产衣服的人，显然把自己的衣服卖出两倍的价格是很困难的，还是只能根据社会平均水平来卖。

商品也在不断"贬值"

商品的价值，并不是不变的。

在"社会必要劳动时间"中的"社会"二字，隐含了两个很重要的问题，一个是"社会"处在何时，另一个是"社会"处在何地。

马克思的价值理论非常关注社会的技术进步与发展。他所处的19世纪正经历着第二次工业革命，整个社会的生产力随着技术进步有了极大的提高，因而他在《资本论》中写道：

> 生产商品所需要的劳动时间随着劳动生产

力的每一变动而变动。劳动生产力是由多种情况决定的，其中包括：工人的平均熟练程度，科学的发展水平和它在工艺上应用的程度，生产过程的社会结合，生产资料的规模和效能，以及自然条件。

马克思敏锐地注意到，随着蒸汽织布机的应用，同样的社会必要劳动时间可以产出多一倍的布匹，而布匹的价值也随之降低了一半。

如今也会遇到同样的情况，一个很典型的例子就是在摩尔定律①的支配下，电子产品的性能每隔18个月就刷新提高一倍。

回想一下十年前你的手机和电脑是什么样的配置和价格，再看看现在自己用的产品。十年前，绝大多数的人还在用着诺基亚的功能机，别说玩华丽的手机游戏，就连看视频、发微信这些基本操作也是无法做到的。

---

① 摩尔定律，由英特尔公司名誉董事长戈登·摩尔于1965年提出。摩尔观察到，每隔18个月，集成电路芯片上的电路数量就会翻一倍，也就是说，芯片的性能会相应提升一倍。摩尔的这一观察结论，也就被称为摩尔定律。虽然摩尔定律已经有几十年的历史，但芯片技术的更新换代仍然大致遵循这一规律，消费者也就能不断地用更低的价格购买到性能更高的产品。

现在，用同样的价格，我们可以买到各种款式的触屏智能机，而这些智能机能做到的事情，从购物到出行、从娱乐到办公……十年前根本想象不到。

全球化让社会生产率产生竞争

在时代和技术发展的时间维度之外，地理维度也会影响一个社会的生产效率。

在以前，交通和物流不发达，一个村庄如果只有一个铁匠或者一个木匠，那么他自己的生产效率就代表着这个小社会。

但是在当前的全球化时代，问题就复杂得多了。

举个例子，中国义乌的小商品市场可能连通着地球另一边美洲的消费者，那么美国人所买的一件玩具或一顶帽子的价值，就要考虑全球的社会必要劳动时间了。所以近些年来，当中国更多地融合进世界市场，并且通过自身生产力的发展而高效地生产商品时，实际上也影响到了其他国家的产品价值。

西方人很自然地认为，他们财富的减少是中国生产廉价商品带来的，所以他们以为通过贸易战等手段切断这个市场联系，让他们的社会必要劳动时间局限在自己国家就好了。

对于这些人来说，他们可能会对《共产党宣言》里面这样的描述感到"亲切"：资产阶级，由于开拓了世界市场，使一切国家的生产和消费都成为世界性的了……由于一切生产工具的迅速改进，由于交通的极其便利，资产资级把一切民族甚至最野蛮的民族都卷到文明中来了。它的商品的低廉价格，是它用来摧毁一切万里长城、征服野蛮人最顽强的仇外心理的重炮。

但很明显，如果西方国家只是想着如何千方百计地降低别国的生产力，或者将他国的商品拒之门外，而不是考虑如何提升自己的生产力，那么不管建多少道墙，加多少关税，都是迟早要被世界贸易所击垮的。

钻石价格是骗局吗

经济学界曾经有一个著名的悖论，亚当·斯密在《国富论》中也提到过，即水与钻石的价值问题：为什么水这么有用，价格却很低，而钻石没什么用，却成了昂贵的"奢侈品"？

西方主流经济学是用"边际效用"来解释并论证效用价值论的合理性的（即多喝一瓶水的边际效用很低，而多一颗钻石的边际效用很高）。

但是，劳动价值论提供了更好的答案——因为钻石比水消耗更多的社会必要劳动。在世界上的绝大多数地方，开采钻石耗费的精力和时间显然高于获取水的成本。

当技术进步使合成钻石的生产更为高效时，合成钻石的价格便一路下跌，而天然钻石的价格却相对稳定。

从钻石的价格变动过程中可以发现，钻石的价值基础总归在于其生产成本，而非消费者的心理。

同样的道理，奢侈品的昂贵价格看似建立在消费者爱慕虚荣的心理之上，但仍然是基于商品设计成本和品牌运营成本之上的。当我们把设计师的心血等无形成本考虑在内时，奢侈品的高价就并非不可理解了。

因此，劳动价值论和效用价值论其实很多时候是不冲突的，毕竟人类付出劳动的产品一般也会带来相应的效用，价值和使用价值不会差太多。于是这个"价值论之争"往往会变成一个看似形而上的诡辩问题，试图在鸡生蛋蛋生鸡的循环中找出，何者才是赋予商品价值最初的原动力,是其带给消费者的效用,还是生产者的劳动?

上百年来,经济学界对于这样的问题是谁也说服不了谁的,所以我们至今还会看到各种经济学流派。

如果从实践角度来看,大部分生产者在定价的时候,恐怕更多的还是考虑先用生产成本加上一个利润率来定价。

如果你曾经在二手平台卖过东西的话,也可以试着回想一下,如果自己卖的东西没有现成参照物的话,自己是倾向于估算一下成本然后再加价赚一点,还是倾向于想象一个消费者的效用值多少钱。

为什么讲《资本论》,却要提"效用价值论"这个西方经济学的概念呢?因为这关乎"人类劳动决定商品价值"这件事本身的意义。只有理解了这个意义,我们才能理解马克思接下来在《资本论》中想要说什么。

商品拜物教

对马克思时代的经济学界来说,劳动决定价值这一论点本身并不是什么突破性的理念。事实上,在马克思之前的著名经济学家,比如西方主流经济学现在还供奉的亚当·斯密和李嘉图,都认为商品的价值取决于劳动。

吊诡的是,在马克思去世的一百多年后,当年他认为不需要太多讨论的理论,却变成了经济学的异端。

在19世纪末的"边际革命"之后,主流经济学界就逐渐放弃了劳动价值论,而转向了效用价值论。而这一"边际革命"带来了两个主要的影响:

一方面,在效用价值论指导下的经济学开始更多地关注微观领域,研究供求变动、企业决策、金融风险、消费者选择等,这也是我们现在所熟悉的"经济学"的研究范畴。另一方面,"边际革命"同时带来了微积分等最新的数理工具，让经济学从政治与哲学向数学和自然科学靠拢。

抛弃劳动价值论的代价

无论如何，经济学界对劳动价值论的抛弃不是没有代价的。我们在西方主流经济学里看不到任何关于阶级和剥削的分析，而这正是《资本论》接下来所要讨论的重点。

对于主流经济学来说，商品只是满足人类欲望，带来某种效用的物品，一切都是为了消费。在这样的消费主义时代，意味着我们的全部生活都围绕着买买买而存在，一切的经济关系只不过是消费者和商品的关系。

如果我们认为商品只是如此，那么就忽略掉了这些商品背后生产者所付出的劳动，以及自己作为生产者实际上也是在用自己的劳动换得别人的劳动这一事实。

本应是劳动者之间的关系，就被异化成了简单的物与物的关系，以及欲望的需求与欲望的满足之间的关系。人的本质属性不再是劳动，而是欲望。更何况，如果我们认为商品的价值来源不是劳动，那么劳动者的价值也就同时被剥夺了。

讽刺的是,当今商品社会中的这些现象,正如同马克思在《资本论》的"商品拜物教"中所描述的一样。

马克思在这里充分展现出了自己"毒舌吐槽"的功力,对社会现实和庸俗经济学家展开了无情的批判。

比如说,马克思嘲讽某些经济学家颠倒了使用价值和交换价值的关系,认为使用价值才是商品交换的本质属性(某经济学家认为,金刚石天然就能用来交换,而交换的价值来自于自身的有用性。马克思就指出,实际应该是反过来的,金刚石天然具有一定的有用性,而其交换价值只能来自于一种社会性的过程,来自于人的劳动与人与人之间的交换)。马克思此时隐讳地吐槽道:

> 在这里,我们不禁想起善良的道勃雷,他教导巡丁西可尔说:"一个人长得漂亮是环境造成的,会写字念书才是天生的本领。"

话说回来,马克思所讲述的"商品拜物教",就是在资本主义经济下,商品生产中一系列的社会关系被掩盖了,呈现在人们面前的似乎只有商品,因而商品具有了"谜一般的性质",支配着人们。

"流量"拜物教

说到这,可能大家还是很迷惑拜物教到底是什么,因为马克思的原文伴随着他的吐槽,在这一部分写得也很曲折。我们不妨在这里找一个现实的例子作类比。

比如"流量明星"这个概念,我们就可以认为是一种"流量拜物教"。

一个演艺人士创造商业价值的正常途径本来是这样:通过自己付出的努力创造高质量的作品→高质量的作品获得观众的认可→观众的认可带来流量→流量所代表的观众认可通过各种渠道转化为收入……

从本质上讲,一个演艺人士的价值应当来源于其自身所付出的劳动。

然而随着演艺圈的发展,随着商业化的推进,随着资本的涌入,创造价值的路径变得曲折而漫长,让人们渐渐搞不清楚,到底一个明星的价值来源于哪里。对于观众,对于明星,甚至对于创造明星的资本来说,一切都变得复杂和玄幻起来:

努力不一定带来好作品，好作品不一定带来观众，观众也不一定带来收入……在这一片混沌之中，流量变成了唯一确定的事物，变成了第一眼就能直观注意到的数据，也逐渐变成了所有人唯一直接接触到的事物。似乎只要有了流量，就有了流量背后所代表的一切事物，而整个演艺圈中发生的其他一切复杂的事物，从演员的演技到作品的产出，都被忽略掉了……

我们当然知道"流量明星"这件事的荒谬性，但是我们也要认识到，就如同"商品拜物教"来自于商品经济的发展一样，"流量拜物教"也自有其生命力。

如果说连"流量明星"这一相对简单的事物，人们都很难看清楚其本质，那么整个复杂庞大的资本主义经济，又怎么能够轻易被看透呢？商品拜物教的出现，对劳动价值的忽略，对消费主义的神化，也就再自然不过了。

但是马克思之所以撰写《资本论》，就是为了让我们摆脱商品拜物教的迷惑，让大家透过资本主义的复杂表象，发现背后实质的社会关系。

毕竟，商品拜物教一个终极的表现形式，就是认为商品经济和资本主义的生产关系，是人类社会永恒的本质的属性（这正是当前的主流经济学试图告诉我们的），从而忽略掉创造这一切的历史条件。

而马克思想要做的，就是告诉我们，资本主义只是历史的产物，也终将随历史的发展而消亡。

02

人是逐渐学会用钱交易的

——货币

> 如果一个游戏中存在虚拟物品交易，却没有相应的虚拟货币时，玩家们并不会老老实实地以物易物，而是自发地创造货币，使用一些价值适中且实用的虚拟道具作为交易中介。

货币不是凭空创造出来的

知道了"商品的价值取决于社会必要劳动时间",但这跟我们的日常生活又有什么关系呢?

我们只会说"一瓶水值1元钱",但我们从来不说"一瓶水值一个单位的社会必要劳动时间"。我们同样也只会去用1元钱买一瓶水,而不会真的去给小卖部打杂来换这瓶水……以此类推,生活中的一切经济活动,主角都是货币而非劳动。

俗话说,有钱能使鬼推磨。我们可没听说劳动有这么神奇的力量。

这么神奇的金钱,它的力量是谁赋予的呢?为什么金钱可以买东西?金钱又是从哪儿来的呢?

这就得从货币的起源说起了。

以物易物终归是不现实的

我们回到一瓶水的话题上,如果一瓶水的价值等同于一个馒头,那么理论上来说,想要买一瓶水,就可以拿自己的一个馒头来换。

然而,不是所有拥有水的人,都愿意去交换馒头,即便二者所蕴含的价值是一样的。不一定是卖水的人贪心,而是卖水的人不需要那个馒头。

当一个人打算卖出自己的水来换取馒头的时候,他就是在用水的交换价值,去换取馒头的使用价值。这种交换价值与使用价值的置换,便是商品交易的本质。

但是,使用价值是因人因时因地而异的。

如果卖水的人自己家里就有粮,馒头对他来说就没用,他自然不愿意交换,而是打算用自己的这瓶水去交换对自己有用的商品,比如一块木头。但是卖木头的人可能又不想要水……

如果世界上没有货币,我们只能直接以物易物,那就总要碰到这样的麻烦事,交易的效率也会低很多。

我们想要一瓶水,还得先搞来一块木头,为了搞来一块木头，还得去找别的什么商品来换，直到有人愿意买下我们手中的这个馒头……是不是想想就觉得头大？

再想想，普通家庭要买柴米油盐，工厂企业每天要买原料工具，市场上每天的交易量都是极其庞大的。如果买瓶水都这么费劲，人们要想换到所需的所有商品，那可真是得跑断腿了。

所以人们就想到，如果我们这个市场上有一种商品可以作为交易中介，大家先把自己的商品置换成这个中介，再用中介商品来交换自己需要的东西，不就省心多了？

有了中间介质更方便交换

什么样的商品可以作为这种中介呢？

我们假设一下，自己手里的馒头具有一种神奇的特性：永不变质过期，只要没被吃掉就跟新的一样。

这个时候，卖水的人想：虽然我现在用不到这块馒头，但是这世上总有人需要吃饭，馒头总会卖出去，我收下这个神奇的馒头，再用它来交换自己需要的木头，说不定也是可行。更妙的是，我可以随意把这个馒头切成小块带走，用来交换不同价值的商品，也是很方便的。而且这个市面上的神奇馒头很难得，不用担心这个馒头以后会贬值……

光是卖水的人这么想是不够的，还需要市场上其他的买者和卖者都达成这个共识。

经过了无数次的交易，市场上的人都发现了这个神奇馒头的好处，都觉得神奇馒头可以当成交易的中介。于是，任何想要买一样东西的人，都可以先将自己要卖的商品换成等值的馒头，再去用这些馒头交换相应的商品。

虽然馒头本身还是一种商品，具有自己的价值和使用价值，但是大部分人都不是为了吃这个馒头而获取它，而是用这个馒头去换取别的东西。此时，馒头就变成了一种特殊的商品，也就是货币。

在我们的现实世界中，虽然没有这种神奇的馒头，但是我们有金银。

金银所起到的功能跟这个假设中的神奇馒头是一样的：金银本身具有使用价值（用于装饰、医疗等，我们使用的电子产品也经常会需要金银这些贵金属作为元器件),分割和携带都很方便(金银质地很软),蕴含着较高而稳定的交换价值(储量珍稀,生产困难,需要耗费大量社会必要劳动时间)……

因此,尽管历史上有很多种"神奇馒头"一样的商品(比如贝壳、石头、牲畜)扮演过货币的角色,但是只有金银被保留至今,依然是现代经济系统中的重要一部分。

此时,我们会想起《资本论》中那句名言:"金银天然不是货币,但货币天然是金银。"金银成为货币,是人类社会经过了无数实践得到的结果,但是货币所需要的属性,天然就属于金银。

所以,货币本身没有什么神秘之处,货币就是商品,只不过有了特殊的地位罢了。

若想体验货币起源的故事,可以从一些网络游戏中感受到。如果一个游戏中存在虚拟物品交易,却没有相应的虚拟货币时,玩家们并不会老老实实地以物易物,而是自发地创造货币,使用一些价值适中且实用的虚拟道具作为交易中介。

> 二战时期,纳粹集中营的犯人就曾经使用配给的面包作为货币,在集中营里秘密交换商品或者服务。为了生存,交易是不可避免的,于是犯人们就发现,面包作为货币,在集中营里跟金银具有相似的属性:具有使用价值,人人都需要食物才能活下去;易于分割和携带;价值稳定,只能来自于集中营的统一配给……对于永远饥寒交迫、朝不保夕的犯人来说,面包上的霉点是他们最不需要操心的事儿了。

金银跟不上经济发展速度

我们再来说说纸币(以及越来越少用到的硬币)这类各国政府发行的法定货币。在马克思的时代,世界还处于金本位或银本位的制度下,人们要么直接使用金银币,要么使用可以直接兑换成相应金银的纸币。在这种情况下,法定货币就是金银的符号代表,本质上我们依然是在用金银交易。

但是金银本位制有个内在的缺陷,就是货币的供应量是相对固定的,难以适应经济规模的变动。我们刚刚提到,金银这种贵金属的一个好处是它们相对稀缺,生产它们所包含的社会必要劳动时间是相对稳定的，因而不易贬值。

但是好事也会变坏事。

由于生产金银的社会必要劳动时间更多地取决于矿藏储量这些与生产率关系不太大的因素，因此生产效率不会因社会经济高速发展、社会生产率的大幅提升而相应提高太多。

这样一来，金银相比其他普通商品就会显得贵重，那么以金银计价的商品价格就会下跌。如果我们预计商品的价格会一直下跌，就不会愿意过多地消费，而是想把金银储藏着，这样就很容易导致经济活动的减少，进而带来衰退。

当然，反过来的情况也有可能。比如社会的生产率是稳定的，但是市场上突然出现了大量的金银（比如欧洲殖民者从美洲掠夺来的金银），就会导致民众手中持有的金银贬值，造成通货膨胀，影响民众的生活水平。

说到底，金银作为一种自然矿藏，其生产太不灵活了，很多时候不能适应社会发展的需求。于是各国政府逐渐抛弃了金本位，让自己发行的货币不再与真正的金银挂钩，而是与经济规模挂钩。

货币代替了金本位

我们之所以使用货币，大多数时候都已不再是使用货币这种商品本身，而是将货币作为一种价值符号来使用，因而货币是否可以直接兑换成金银看起来并不重要了。

当然，货币脱离金银本位，与其实际价值分离，逐渐符号化，是个长期的历史过程。直到1971年美元与黄金脱钩，金本位才算真正退出历史舞台。

但是从古至今，即便是在没有纸币只有铸币的时代，各国政府也往往会出于扩大财源的目的，滥发铸币，减少金银铸币的成色，使其实际价值低于其所代表的面值。

但是，法定货币与某种实体商品（金银）的脱钩，不代表法定货币背后就没有任何商品（以及蕴含在商品中的价值）的支撑。

人们之所以愿意接受和使用某种法定货币，是因为这种货币在发行的国家可以合法地购买一定量的商品。

而法定货币之所以具有这样的功能，一是需要该国政府的统治证明该货币的合法性（我们随便印的一张纸自然是没有这样的效力），二是需要该国的经济能够产出足够多的商品可供这种货币来购买。如果一个国家没有任何产出值得购买，那么谁会需要该国的货币呢？同样的道理，国家间货币的汇率，本质上就是同面值的货币在各自国家可购买到的产出比例，在此基础上再根据货币的发行量和需求量等短期因素波动。

因此，即便脱离了金银本位制，我们所使用的货币，依然可以视为代表了该货币流通范围内生产的一揽子商品。这与《资本论》中所述的货币即商品并无不同。

"可以扫码支付吗？""可以。"

日常生活中，人们并不用金子买菜，特别是对于中国人来说，别说金子，连实体的纸币硬币都很少用了。用手机扫个码，买卖不过就是屏幕上的数字而已，看起来跟金银和实体商品的差距也太远了。

时代变了，难道《资本论》上的货币理论也要翻篇儿了吗？

且慢，事情没有那么简单。

手机支付是什么原理

乍看起来，我们手中的纸币，或者支付软件中的余额，根本不像金银。可是为什么我们可以用这些钱去买东西，而商家也愿意接受呢？这些钱本身又意味着什么呢？

我们就从支付软件的余额说起。

这个余额代表什么？

代表我们可以把这些余额转移到绑定的银行卡上。如果软件上的余额不能进行这种转换，人们就会担心这些余额到最后会不会作废，掌控这些余额的银行或公司会不会跑路，也就没人愿意使用手机进行网络支付。

银行卡上的余额又代表什么呢?

代表我们可以去任何一家银行网点取出相对应的纸币。如果银行卡上的余额无法被兑现成纸币,那么银行就可能破产,我们的钱就会化为乌有,就不会有人愿意去存钱。

所以,当我们轻松地使用手机支付的时候,实际上代表着从余额到银行再到现金的顺利转换。这种转换,需要基础设施的投入、足够大的移动支付的消费市场、消费者的心理认可、银行和支付公司的信用等要素。

所以世界上很多国家还没有普及电子支付,因为消费者或者商家不相信支付公司,或者支付方式不够便捷。还有一些国家,则是连银行卡都没普及,那就是本国的消费者连银行也不信任,或者银行的服务覆盖不够广。

"网红"比特币并不安全

当然,我们这个时代,又面临着很多新形态的货币。

比如时下最热的数字货币，特别是应用了区块链技术的货币，好像只要沾上了"区块链"仨字儿，就变得高端大气了起来。

我们不讨论政府支持的区块链技术，它本质上就是一种新的法定货币发行方式，与原先的货币没有本质差别。除此之外，绝大部分的数字货币，既不是各国政府推出的法定货币，也不代表任何实体的商品。

那么它们有价值吗？它们的价值从何而来呢？

就拿比特币来说吧。按照比特币支持者的说法，理想情况下，比特币可以在数字领域模拟金银的属性。比特币不是某个中心机构发行的，而是类似于金矿，谁挖到就是谁的，每个人都是平等和自由的。

人们如同挖金矿一般，在计算机上通过某种算法来创造某种类似于货币的产物，再通过区块链技术来验证生产出来的数字货币的真实性和安全性。

由于算法保证了矿藏的有限性，还能避免滥发纸币导致通货膨胀……本质上讲，比特币是试图用现代手段复活金本位制，以改进现有货币制度下，纸币容易被造假和滥发的缺陷。

当然，实际上比特币最受欢迎的特点是不受监管，从而可以用来洗钱,而不是真的因为人们相信一种新的货币体系。更不用说,实际上大部分的比特币早就被先挖矿的个人和机构把持了,平等和自由无从谈起。

所谓区块链保障的绝对安全,在众多比特币失窃和丢失事件发生之后也极为可疑了。由于投机导致的币值波动,更是与货币本应具有的稳定特性相去甚远。

数字货币不存在使用价值

比特币尚且如此,更不用说其他的数字货币是怎么回事了。当然,这些数字货币的缺陷不妨碍它们成为投机的目标,卖出成千上万的价格。但是如果把它们视为"货币",显然还缺了很多东西。

我们假设市面上真的有一种完美的数字货币,能够实现那些拥护者宣称的目标,那又会是什么情况呢?

如果数字货币要成为货币,它必须是种商品或者某种商品的符号形式,要拥有使用价值和交换价值。

交换价值倒是好说,数字货币也不是地上捡的树上摘的,即便直接的产出过程是人类配置的计算机来完成的,也都要付出人类劳动来获取。

于是关键在于,数字货币到底有没有使用价值?

最简单的答案就是,没有。

数字货币就是一串代码。如果跟金银的功用相比,这些代码毫无用处。

数字货币需要物质承担者

但是我们刚才也讨论到了,法定货币也可以本身几乎不具有使用价值,却代表了具有使用价值的商品。数字货币可以做到类似的事情吗?

想想自己为什么愿意接受某种法定货币。法定货币的背后,是发行货币的政府运用其统治力和公信力,要求法定货币成为该国可购买商品的代表。

与此同时,各国政府也会为自己的法定货币提供监管和服务,保证我们在运用该国货币的时候不会面临欺诈和币值波动,当然这些监管和服务的实际效果不可能尽善尽美。

因而,如果数字货币也要拥有类似法定货币的功能,就需要这个世界上足够多的人,愿意卖出自己的商品来交换数字货币,并且愿意使用数字货币而不担心所面临的风险。

任何一种货币的使用都需要人们的这种信念。人们使用金银的信念建立在金银的使用价值上，人们使用法定货币的信念建立在该国的经济产出和政府信用上……这些信念都是具有物质承担者的。

任何一种现实的货币，其本质都是商品，我们可以追溯到其使用价值和价值，从而确定1元钱所代表的价值大致相当于一瓶水，这个价值不会随着个人的想象而改变。但对于数字货币来说，价值若是只依靠人的理念，又是什么神秘力量，让所有人都能够把对价值的想象统一到某一个值呢？

如何看待货币符号化的未来

虽然马克思的年代离数字货币很远，但是把货币符号化，试图使其脱离物质本体的思想和实践早已有之。

所以他在《资本论》中也警告我们，货币将越发地符号化，从而掩盖货币的商品属性，导致人们误以为"货币单纯是一种符号"，进而认为货币的属性"是人随意思考的产物"。

如果未来真的有了某种世界政府或者世界共同体，也许数字货币就可以找到自己的使用价值。然而现阶段的数字货币设想，只是一味鼓吹去中心化，拒绝任何监管，将币值建立在想象而非实体上，其实质无非是要夺取各国政府所垄断的货币发行权力，但是又不愿承担各国政府所提供的相关责任。

所以，认为货币价值只依靠信念而存在的那类数字货币，不光在实践中充满了问题，在理论上也禁不起推敲。这样的理念，无非是把长久以来人类社会对货币的符号化和神秘化推到了极致。

我们在这里有必要回头看看《资本论》的名言：

> 物的货币形式是物本身以外的东西，它只是隐藏在物后面的人的关系的表现形式。从这个意义上说，每个商品都是一个符号，因为它作为价值只是耗费在它上面的人类劳动的物质外壳。

在这里解释了这么多货币的起源问题，是希望大家能够透过现象看本质，而不是陷入货币拜物教的迷雾中,误认为金钱本身具有什么神奇的力量,却忽略了金钱背后真正的社会和经济力量。

至于这些力量到底是什么,我们将在接下来的部分继续讲述。

货币发展历程

▶ **1. 以物易物**

我可以用水交换你的馒头吗？

可以呀！我正好需要水。

那我也可以用木头交换你的馒头吗？

抱歉，我不需要木材。

◀ **4. 法定货币**

说到底，作为一种**自然矿藏**，金银生产太不灵活，不能适应社会发展需求。

我们决定抛弃金本位，发行**法定货币**。

法定货币只是一张纸，没有**使用价值**了！

但是有政府和市场的承认，法定货币也代表了相应的商品和价值。

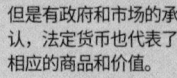

"能扫码支付吗？" "可以。"

现在还出现了更方便的**移动支付**。

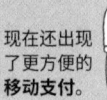

以后可能还会有**数字人民币**。

**移动支付**实际上代表着**余额到银行再到现金的顺利转换**，与纸币没有本质区别。而**数字人民币**则意味着只有余额到银行的转换，**不再涉及纸币**了。

▶ 2.实物货币

如何才能更方便地交易呢?

你需要一个**特殊商品**来作为交易中介。

其实,历史上有许多**特殊商品**扮演过**货币**的角色:牲畜、贝壳、特殊时期集中营里的面包,等等。

二战时期,纳粹集中营的犯人曾使用配给的面包作为货币,在集中营里秘密交换商品或者服务。

◀ 3.金本位货币

我的羊价值两大筐贝壳。

这种时候贝壳作为货币就显得不够方便了。

那么,为什么不考虑将**金银**作为货币呢?

-易于分割和保存

-具有使用价值(计算机芯片/装饰/医疗 等)

-具有稳定的**社会必要劳动时间**

除了**金银币本身**,还有可以**直接兑换成相应金银的纸币**,都属于金银本位货币。

谁是韭菜,谁是资本家?

——资本的形成

> 这也是为什么我们想要求职,就需要先把自己包装成一件有用的商品,强调自己的功能,而并非把自己呈现为一个完整的个人,强调自己的想法和感受。

货币解决了以物易物的麻烦

花钱才能买到东西

当我们想要买一瓶水的时候,为什么要花钱买它呢?有没有不花钱就能喝到水的好事儿呢?

别说,不花钱喝水的事儿在历史上还真有,但未必是好事。

在一个自给自足的原始社会,如果我们需要一瓶水,可能是自己生产;在部落公社,这瓶水可能是集体分配的;在奴隶社会,这瓶水可能就来自奴隶的无偿劳动;而在封建社会,这瓶水可能取自民众的劳役……

商业分工和商品买卖虽然古已有之,但并非占主导地位。这瓶水在历史上当然也有可能如现在一样,通过货币购买。

但是直到资本主义社会，生产力的发展带来大量可出卖的剩余产品，而生产关系的发展把劳动力从劳役中解放出来，商品经济才成为绝对的主流。所以，现在我们想要一瓶水时，第一反应才是去购买。

当然，商品经济的发达不代表经济中的一切都理所应当是商业活动，而一切都可以通过金钱进行买卖。直到现在，各国经济构成中仍有很大一部分并非商品，比如基础设施和公共服务，这类公共物品若是商品化了，带来的问题往往比解决的问题还多。

我们在家庭中为自己和家人提供的创造和服务显然也不是商品，除非大家不想好好过日子了……什么东西可以买卖，什么东西不可以买卖，本来就是没有定论的，并非一切都要商品化才能体现经济的发展。

马克思所担忧的，便是在商品化的浪潮下，人们过度地神化商品和金钱，最后使得"名誉和良心"也被标上了价格，变成了可以出卖的商品。

商品卖出去才是关键

但是这个买卖过程还没有结束。我们看到一瓶水在售卖,不代表就有钱去买。钱又从哪儿来呢?

现在假设我们就是生产馒头的劳动者,需要用馒头来换取水。由于货币的出现,我们免去了以物易物的麻烦,而是可以直接先将馒头换成货币,再用货币购买水。这个交易的过程,便是商品(馒头)→货币→商品(水),这就是简单商品流通。

在这个流通过程中,我们的起点是商品,终点也是商品,这个流通过程的最终目的是为了进行消费,获得生存和生活所需要的自己无法生产的商品。

显而易见,在这个过程中,对我们最重要的是从商品到货币的第一步,没有这一步,我们做馒头的一切努力都是白费,我们也无法最终获得自己所需要的商品。

> 货币的出现虽然方便了商品交换,但是也埋下了危机的种子。商品之间一旦加入了货币作为中介,买和卖的行为就发生了分离。一方面我们的购买行为留下了债务问题,另一方面我们生产的产品又没有办法出售,造成了供给过剩的问题。或者,我们在卖出了商品得到货币之后,可能因为种种考虑,决定积存货币,不进行购买,这时候就会导致消费不足从而带来经济紧缩……

马克思对此有一个著名的比喻：从商品到货币的形态转变，"是商品惊险的跳跃。这个跳跃如果不成功，摔坏的不是商品，但一定是商品的所有者"。

如何完成这个惊险的跳跃，是每个人在这个社会上生存都要面对的问题。

劳动力也是可以拿来"卖"的

商品的"惊险一跃"，跟我们大部分人有什么关系呢？我们又不是生意人，没有商品可卖啊。

但是我们有劳动力啊。

对于绝大部分人来说，劳动力（不论我们参与何种性质的劳动）就是我们出卖的商品，工资则是我们出卖这一商品所换得的货币。

尽管耗费在商品上的社会必要劳动时间决定了商品的价值，但是商品如何吸引购买则取决于该商品的使用价值。

同样的道理也适用于劳动力的出卖。

对于雇主来说，他们只会关心招来的人有没有用，而不会真正关心招聘的人从哪儿来的、经历了什么、在想些什么，除非这些经历对工作有所帮助。这也是为什么我们想要求职，就需要先把自己包装成一件有用的商品，强调自己的功能，而并非把自己呈现为一个完整的个人，强调自己的想法和感受。

我们也不要太轻信老板跟员工称兄道弟的感情，就好像我们不会跟自己买的自行车称兄道弟一样。一旦员工失去了对公司的价值，那他很快就会被移出老板的列表，然后像辆破车一样被扔掉……

社会需要，商品才能卖出去

个人的努力虽然重要，却不是决定性的。即便自降为物也是不够的。

商品能否卖得出去，不只是看自己的包装，还要看这个社会的需要。对于商品生产者来说，市场上的瞬息万变都会影响自己的商品能否卖出去，能卖多少钱。

如果社会生产率提高了，生产商品所需的社会必要劳动时间减少了，那么原来花更长时间生产的产品，就只能按照新的交换价值来贱卖。

就好像新款的手机过了一段时间就会降价，曾经稀缺的人才，在一段时间之后，随着教育资源的增长，接受教育变得更加容易，也就变得没那么珍贵了——曾经被视为人中龙凤的博士，如今也变得越来越不稀奇。

一个清华北大毕业的博士，十几年前是出现在清华北大的讲师招聘名单上的；而现在呢，则是出现在人大附中的招聘名单上……

同样的道理，如果社会的消费结构出现了变化，一件商品的使用价值突然降低了，那么商品的出卖就变得更加困难了。

就好像BP机在手机出现之后就变得没那么有用，某些专业人才在社会产业结构的变动下也会失去用处：在美国去工业化之后，大量制造业的工人就无用武之地了，只好去开网约车或者去餐馆打工……

当然，劳动力市场有其特殊性，劳动力也不是一般的商品。但是不管我们是出卖自己生产的商品，还是直接出卖自己的劳动力，即便我们以个人的身份在进行出卖，出卖的结果却并非由我们掌控，而是依赖于全社会的经济状况。因而我们个人命运的好坏，也与整个社会

的发展和时代的进程是无法分开的。正如马克思所说的:

> 商品爱货币,但是,"真爱情的道路决不是平坦的"……所以我们的商品占有者发现:分工使他们成为独立的私人生产者,同时又使社会生产过程以及他们在这个过程中的关系不受他们自己支配;人与人的互相独立为物与物的全面依赖的体系所补充。

也希望各位都能找到真爱(各种意义上的)。

人不再被视为人而被视为物,这就是马克思在《资本论》以及其他著作中着力探讨的一个主题。而这种人的异化,并不取决于某些老板个人的善恶,而是整个资本主义体系带来的后果。为什么劳动力市场会成为一个"市场",为什么员工会被视为商品而非活生生的个人,这真的只是个别无良公司的问题吗?

货币→商品→货币

资本就是"钱生钱"

刚才我们谈论的最基本的简单商品流通,最终的目的是消费,也就是"为买而卖"。

我们每天的衣食住行的消费行为,本质上都是这一类商品流通。我们用一个商品换成等量价值的货币,再用等量的货币换回相应的商品。

归根结底,我们出卖的商品(比如馒头)和我们最终获得的商品(比如水)只有使用价值的差别,没有价值量上的差别。

我们可能在今天省下一些钱,用来购买明天更贵重的商品,但是我们不会因此赚更多的钱。同样的,我们明天卖出的商品可能比今天更多一些,但是我们赚的钱也不会多于商品的价值。

在这样的情境下,货币就是普通的货币,不会变成资本。这样的简单商品流通一直循环下去,即便我们消费了成千上万,也不会变成资本家。因为我们获取货币的唯一来源,就是我们自己出卖的商品,我们卖多少东西(干多少活儿),就拿多少钱,我们的钱不是金钱本身带来的,而是来自于我们自己的劳动所得。

反过来讲,什么是资本呢?就是可以生钱的钱。相信每个人都曾经幻想过,如果我们今年把钱埋进土里,明年就可以长出一棵摇钱树,那得多爽……

好消息来了。

我们虽然不能从树上直接摘钱,但是只要拥有资本,想办法让资本自己来增殖,来钱的效率可能会比真的种棵摇钱树还要高!

而坏消息是,我们想要拥有资本,当个资本家,这个门槛比我们想象的要高很多。

我知道大家已经按捺不住激动的心情了,这样的技术谁不想学来呢?

现在,让我们请出《资本论》的绝对主角——资本。

我们先来研究一下资本究竟是怎么赚钱的。

等价交换资本并不增殖

资本如果光是放在金库里面落灰,什么都不做,就是有金山银山,也肯定是赚不了钱的。资本必须得加入流通领域,才可能有所作为。

那么资本应该怎样流通呢?

我们之前了解到的简单商品流通,其基本模式是"商品→货币→商品",最终目标是商品,不是资本的增殖。

但是,我们若是换一个角度来看这个公式,变成"货币→商品→货币",又会是个什么样的流通呢?此时,我们去购买一个商品,不是为了消费它,而是为了再次出卖,获取更多的钱。

但是这里面就出现了一个矛盾:如果我们不考虑欺骗和胁迫的话,市场上的商品应当都是遵循等价交换的,否则就不会有人愿意交易。那么花一块钱去买一件商品,再次卖出的时候,应该也是只能得到一块钱,我们的一块钱就这么白绕了一圈也没长大,好像有点憋屈。

低买高卖是特殊的增殖手段

我们只要找到一样可以低买高卖的商品,倒卖出去就是了,这有何难?

确实,在一些特殊情况下,人们可能会有机会用低于商品价值的钱买到一种商品,然后再高价卖出。最极端的例子就是苏联解体时的国有资产流失,一个价值千万的国有工厂可能几美元就被卖了出去,这样的低买高卖造就了俄罗斯的众多寡头。

但是,倒卖不可能成为普遍的经济规律。如果一个经济体里面人人都拥有倒卖的特权,可以把一件商品低价买入之后转手就高价卖出,那么只不过相当于全社会经历了一次物价上涨,但并不改变每个人拥有的价值量。

低买高卖的卖家看似在自己卖东西的时候赚到了倒卖的钱,但是我们要注意,这不是一锤子买卖:这个卖家同时也是买家,也要买别人高价卖给他的商品,他前脚卖出去得到的收入,后脚就要还给供应他商品的卖家了。

俗话说"物去乡则益贵",世上的东西总有产地差异,我们把一件在原产地低价值的商品,运到一个该商品稀缺的地方,不就实现了低买高卖吗?

这当然是一条可行的致富路。但是即便如此,我们运送的货物,其价格也会遵循该货物在卖出地所花费的社会必要劳动时间,不可能偏离这一价值。而此时,我们赚到的钱不是因为商品自动变贵了,而是我们通过运输的劳动附加了价值,使其实际上变成了一个新的商品。

想象一下,对于一个不生产荔枝的地方,荔枝这件商品其实就不是单纯的"荔枝",而是"运输过来的荔枝",生产这种新商品的社会必要劳动时间,就要包含在原产地采购和运输所需的成本。

资本生息并非长久之计

既然资本是一种可以生钱的东西,我们暂时不管资本是什么,到底怎么生钱的,我们去把资本作为一种商品买进来不就好了嘛!资本到底是怎么回事不重要,只要能买下来就可以了,用资本买下资本然后得到更多的资本……

乍看起来，这是一个"自己买自己"的无厘头循环，但是这种脑筋急转弯式的想法，其实在现实中确实是可以操作的，这就是所谓的生息资本，也就是贷款。

表面上，放贷不过就是借人钱财收人利息；但本质上讲，贷款人在借钱的时候是购买了借款人的资本，当借款人的资本增殖的时候，贷款人就可以收取这一部分资本增殖的利润。因此，生息资本仍然不可能是经济中的主流，毕竟如果大家都在放贷，谁来借钱和赚钱呢？

劳动力是被资本购买的商品

想要破解资本增殖的"魔法"，我们还得继续寻找一种商品。这种商品不光可以在买入之后产生价值，同时这种商品还应当普遍存在，成为经济活动的基础。

回想一下马克思的劳动价值论。如果价值的最终来源是人类劳动，那么资本想要增加自己的价值，归根结底就需要找到人类的劳动来帮助它。

还记得劳动力也是一种特殊的商品吗？

劳动力的价格，其实就是工资。那么，只要资本家们付出的工资，低于所购买的劳动力在这段时间内所生产的价值，那么就找到了一种永远可以低买高卖的商品了。

但是注意，此时并不是劳动力本身的价值在改变，劳动力的使用价值在于创造价值，我们不是直接把劳动力买来再把劳动力卖出去，而是把劳动力创造的商品卖出去。

对于绝大部分人来说，他们的劳动力都是被资本所购买的商品。假如我们每天创造价值1000元的商品，但是只从资本家那里领到100元的工资，那么剩下的部分，也就是所谓的剩余价值，就有可能给资本带来利润了。这就是最常见最基本的一种资本——产业资本。

同样的逻辑也适用于大部分的雇佣关系，不管你是工厂里的蓝领还是坐办公室的白领，只要你产出的价值高于你的工资，你就是在为雇用你的资本输送剩余价值。

正如马克思所总结的，货币想要转化为资本，需要双重意义上的"自由"：

> 一方面，工人是自由人，能够把自己的劳

动力当做自己的商品来支配，另一方面，他没有别的商品可以出卖，自由得一无所有，没有任何实现自己的劳动力所必需的东西。

我们在这里揭开了资本的秘密，看起来好像也没什么了不起的。

人人都想做割韭菜的资本家

有人可能就会想了，凭什么我就只能给资本家干活，是不是我也能翻身做主人，当上资本家，走上人生巅峰呢？成功学的鸡汤不就是这么熬的吗：只要我们努力奋斗，每个人都是老板！

从某种程度上讲，这话也没错。我们每个人在生活中，都或多或少拥有一些可算是资本的东西，比如放在银行吃利息的存款，或者等着吃股息的股票，等等。但是这些能让我们当上资本家吗？

拥有资本是没有门槛的，但是成为资本家可是门槛很高的。我们不光要有资本，还得以资本为职业，靠资本生活。

就拿存款来说,这是我们拥有的最普通最接近资本的财物了,我们可以把它当成生息资本。

但是银行是白替我们干活吗?银行是先用更高的利率向外出借我们的存款,再拿出其中的一小部分作为存款利息返还给我们,这样下来能有多少利息呢?在这样的利率下,又有多少人的存款可以多到只靠利息就可以生活?

放高利贷的资本家不好干

有人可能会想了,那我们自己来干银行的活儿,放起高利贷,不就好了嘛。

且不说这其中的法律问题,也不说为什么有人愿意借我们的钱而不去找正规的贷款,就说真的找到人愿意借我们的高利贷,我们怎么保证他们会还钱呢?银行敢把钱借出去,是因为银行有法律上的强制力,可以扣押借款人的财物。我们作为普通个人,上哪里找这样的强制力呢?更不用说,人们之所以会寻求银行之外的高利贷,不就是因为没有抵押物吗?

当然了,做这种高利贷,总是要比真的开一家银行简单得多。

所以我们经常可以见到许许多多以各种名义鼓励我们进行贷款的业务，瞄准的就是没有抵押物的学生和青年。这种贷款虽然数额不高，对资金要求很低，但是利率却很高。而为了解决还不上钱的问题，这些贷款公司虽然不会像黄世仁一样直接把喜儿抢来抵债，但也会运用一些灰色手段，骚扰家人或者要求裸照，从而胁迫借款人还钱。当然，要是完全不符合法律的地下钱庄，那就是直接用暴力手段收款了……

所以，考虑到我们大多数人手头既没有这么多资本可供贷款，也没有什么特殊背景可以游刃于灰色地带，想要当个高利贷资本家怕是太勉强了。与其想着怎么靠贷款发家，不如多考虑一下如何避免落入贷款的套路，害得自己家破人亡为好。

小资本家也在给大资本家打工

当然了，很多贷款用来诱惑你的手段，就是告诉你，有了这笔贷款，你就可以当上老板，实现你的资本家梦想。那么有必要再考虑一下，即便我们当不了高利贷资本家，是不是也可以雇点人，做个产业资本家？

思路是很好，不过做产业资本家需要多少资本呢？就算我们平时真的过点苦日子，靠工资积攒下点钱，然后拉下脸，再向亲朋好友求一些，最后咬咬牙，管高利贷借来启动资金……加起来，也就够开个奶茶店吧。而这个奶茶店，大概率还不是我们自己的品牌，而是某个更大集团的加盟店，我们累死累活经营下来，不管是不是盈利，都要向总部交加盟费。这么算下来，与其说是自己当资本家，不如说是在给更大的资本家打工。

大部分攒了点小资本，想要自己做生意的个人，实际上到最后都是这样被更大的资本所吞并或控制。其实这已经算不错的结果了，更惨的小生意人，可能会直接被大公司搞到破产从而沦为无产阶级。

这就跟大鱼吃小鱼一样，大资本的庞大体量，跟我们一般人所能积攒的资本相比，是完全不在一个数量级上的。而更多的资本就意味着更多的资源可供调遣，从而生产更好的商品，进行更好的营销，还能维持更低的价格，承担更大的损失和风险，从而让个体户那点微薄的资本无从竞争只能退出。

想象一下，如果大公司和个体户打起价格战，一个

"摇钱树"是真实存在的

拥有百亿元资产的大公司可以烧好几个月钱，价格降到成本之下也无所谓，而对于资本也就几十万元的个体户来说，光是日常的房租和营业开支就可以把他们掏空了，更不用说打价格战了。当然，大部分情况下，轮不到大公司亲自下场，个体户就已经凉了……

比如我们日常生活中接触到的外卖、网约车、电商平台，当初都是靠投入了几十亿元的补贴用来打价格战，才建立起了用户对这些产品的依赖。打价格战的两大巨头甚至将行业老三挤出了市场，更不用说无数的中小企业了。

成功学故事，听听就好了

是的，这世上不会缺少传奇的故事，总有人能够在大资本的夹缝中生存，甚至还有人可能凭借着超凡的运气白手起家，从一穷二白混到亿万富翁。但是真正白手起家的例子，古今中外，我们能见到多少？

大家翻翻几本成功学，里面提到的那些例子，我们去掉成功学叙事的美化，刨去那些家里有矿的，再刨去那些靠特权的，最后去掉那些运气好的，真正靠自己本事一点一点混成资本家的，是不是数来数去就那么几个人呢？

这些人风风光光当上老板留名后世的同时，又有多少人在市场上被资本碾成尘埃，留不下一丝痕迹？

显然，如果我们不是励志片的主角，没有无敌的光环加身，仅凭自己手里的这点资本，想要当上资本家，逃脱给老板打工的命运，是极为困难的。

如果有人觉得这是在传播负能量，鼓吹消极思想，故意熬毒鸡汤，告诉大家努力无用……那可就冤枉了。这只不过是在揭示资本的普遍规律，让各位了解到，如果按照资本的规则来玩，那么一切最终只会取决于资本的大小，即使我们再努力也很难玩好这个游戏。

有人会问，为什么我们普通人就是攒不起足够大的资本呢？我们就得继续详细地探讨劳动的过程和工资的构成。

有人可能会疑惑，这世上那么多大资本家，如果我们普通人成不了资本家，那么资本家又是从哪儿来的呢？商贾巨富宁有种乎？这就要探讨起资本的原始积累了。

还有人会意识到，如果我们按照资本的规则，永远玩不过资本，那么我们可不可以把桌子掀了，换个规则重新玩呢？

恭喜，你触及了《资本论》的核心。马克思写作《资本论》的目的，就在于帮助我们普罗大众撕破资本主义温情的伪装，揭露资本家讲出来的虚伪故事，从而看透资本主义世界的运行规则。本书接下来的所有内容，都将为这一宗旨而服务，也希望各位阅读本书时，能带着这个问题去思考。

04

"薪"尽自然凉

——劳动力的买卖

"答案很简单,因为工资本来就不是让我们攒下来的。工资的价值,本质上是劳动力再生产的成本,除了让我们维持生计之外,再无其他目的。"

走进工资的本质

资本为何凭空生钱？工人为何衣食无着？为何我们每日奔波劳累，却仍然感觉工资入不敷出？这一切的背后，是人性的扭曲还是道德的沦丧？敬请关注世纪巨献《资本论》，让我们跟随马克思，走进资本的隐秘世界……

马克思自己在《资本论》里就有这样一段"走进科学"式的生动描述：

> 劳动力的消费，像任何其他商品的消费一样，是在市场以外，或者说在流通领域以外进行的。因此，让我们同货币占有者和劳动力占有者一道，离开这个嘈杂的、表面的、有目共睹的领域，跟随他们两人进入门上挂着"非公莫入"牌子的隐蔽的生产场所吧！在那里，不

仅可以看到资本是怎样进行生产的,而且还可以看到资本本身是怎样被生产出来的。赚钱的秘密最后一定会暴露出来。

一旦谈到劳动和资本的增殖,我们就已经开始深入到资本论的核心内容中了。

普通商品的交易和货币的流通,是我们每个人在日常生活的公开场合都能接触到的,而劳动力这种特殊商品的交易,以及资本这种特殊货币的增殖,则隐蔽得多。

即便进入了隐蔽的生产场所,劳动力的交易仍然遵循着商品的法则:资本家(货币所有者)→支付工资(劳动力的价值)→雇用工人(劳动力所有者)→为资本家工作(劳动力的使用价值)。

赚钱的秘密归根结底,就是让劳动力的使用价值大于价值。也就是说,要让劳动力的产出,大于雇用劳动力所花费的工资。

这一切具体是如何做到的呢?先从工资说起。

工资由什么来决定

工资都是奋斗出来的,自己有多勤奋,就有多少工资。干得越多,挣得就越多……

乍一看似乎是这样。绝大部分公司都有奖惩机制,干得多的拿更多奖金,干得少的就没奖金甚至要受罚,所谓的狼性团队、丛林法则,不养懒人闲人。

这话是有其道理的。用马克思的话来说,没有使用价值(无法达成工作目标)的商品(劳动力),肯定是不会有人愿意购买(雇用)的嘛。

不过正如前面谈到的,商品的价格归根结底取决于其价值而非使用价值。有使用价值代表着我们会被雇用,但并不完全决定能拿到多少工资。

可以在这里先思考一下:自己在奋斗时,多干的部分,多创造的成果,是全归我们自己吗?

肯定不是,甚至都得不到绝大部分。

比如,一个手机游戏开发团队,一般也不过拿到10%左右的利润分成,这些利润还要分摊给团队里的几十号人。甚至很多公司都不会按照利润给团队分红。

如果我们说工资取决于奋斗,那么我们的工资为什么远远抵不上奋斗所创造的价值?显然,这里面有些事情不太对头。

有的人可能认为,一味地奋斗是没用的,要考虑到自己的工作是否重要,是否高端。高端人才当然应该享有更多的工资,而低端人口自然再奋斗也没有多少钱。

但是大家都是社会不可或缺的组成部分,工作的高端和低端又是谁说了算呢?医生的工资普遍比护士高,但是治病救人需要医生和护士共同努力各司其职,少了谁都不行,为什么医生就会比护士更重要呢?

如果有人说,工资的多寡本身就反映了工作的重要程度,那就变成了循环论证,我们还是不知道这个工资是如何决定的。

或者,我们不需要关心工作本身重要与否,只要考察市场的供求就可以了,反正万能的市场总能够正确地标价。物以稀为贵,劳动也是一样,社会紧缺的人才就能拿到高额的工资,而过剩的劳动力则只配拿到微薄的薪水。

这个思路只能解释工资在一定范围内的波动,仍然没有告诉我们这个工资的波动范围本身是如何决定的。我们也可以回想一下：护士也经常面临短缺，但是再短缺，我们也很少见到护士的工资比医生高。显然，光用市场来解释工资的多寡和差异是不够的。

工资就是维持生计的补偿

所以工资该由什么决定呢？

"同任何其他商品的价值一样，劳动力的价值也是由生产从而再生产这种特殊物品所必需的劳动时间决定的。"一件商品的价值取决于生产所需的社会必要劳动时间。劳动力作为一种特殊商品，并无什么不同。

那么，什么是"再生产"劳动力所需要耗费的东西呢？这其中包含了几个部分：

首先，"假设个体已经存在，劳动力的生产就是这个个体本身的再生产或维持……劳动力的价值，就是维持劳动力所有者所需要的生活资料的价值。……因此，生活资料的总和应当足以使劳动者个体能够在正常生活状况下维持自己……"

这就是工资最直观的组成部分，被我们用来维持生计，从而第二天可以正常工作，以满足耗费的衣食住行的最低需求。马克思在这里引用了一个例子：

> 古罗马的斐力卡斯，作为管理人居于农业奴隶之首，但由于劳动比奴隶轻，得到的报酬也比奴隶更微薄……

我们现在也可以看到，有时候从事重体力劳动的工人，比如建筑工人、快递员，他们的工资会比很多公司底层文员要高。

你额外加班拼命所挣得的奖金，与其说是奋斗的奖励，不如说是你额外付出的精力的补偿。如果想要维持高强度的劳动，就会需要更多的物质基础，不然人在体力和精神上都容易垮掉。

相反，如果想要减少这部分的工资，资本家自然就希望消费品和地租的价格降低，这样工人维持劳动力的成本就会更低，这就带来了产业资本家和地主阶级的矛盾。

但是，工人的生活处境并没有因为粮食变得便宜而得到多少改善，因为资本家付的工资本来就是根据物价进行调整的。同样的斗争也发生在如今的世界各地，只不过斗争的对象从谷物法变成了各种贸易协定。大部分美国资本家都支持自由贸易，反对提高中国商品的关税，其实就是同样的用意，毕竟中国商品是美国劳动者日常消费的重要部分。

中国大部分从事实业的人肯定还是希望房租和地价能够下降，从而减少他们的劳动力成本。而支持房租和地价上涨的，则大都是房地产商和依附于房地产商的金融机构们。毕竟他们既不需要在乎劳动者的生活成本，也不需要在乎实体企业的效益，只要躺着收地租就有钱赚了。

在马克思的时代，英国各阶层围绕着《谷物法》展开了斗争。《谷物法》限制了外来廉价谷物的输入，虽然保护了掌握地产和农业的英国贵族的利益，却提高了工人的生活成本，进而影响了产业资本家的利润。于是英国资本家宣称自己为了工人的利益反对《谷物法》，最终在1846年取得成功。

工资还包含了家庭和教育成本

工资不只是勉强维持一个劳动者个人的生计,还要考虑到家庭和教育。

个体的劳动力所有者终究会衰老并死去,从而退出劳动力市场。为了让劳动力不断地出现在市场上,就需要劳动者们组成家庭,繁衍出新的劳动者。而为了让劳动者们掌握相应的劳动技能,又需要对劳动者进行教育和培训。

所以我们也可以理解,为什么城市中产阶级的收入往往要更高一些,不光是因为城市中高昂的生活成本,也因为他们对下一代的培育需要更多的成本。

一个人在大城市生活,每月只需要付出房租和生活费就够了。但是若要结婚生子,且不说额外付出的时间和精力,光是多出来的房贷压力就足够让每月的支出翻倍了。如果要给孩子培养点兴趣,或者上个辅导班,应付升学压力,那每月又要多出成千上万的成本。

所以虽然城市中产阶级很多人看起来收入不少,但当我们把这些家庭和教育成本考虑进去之后,他们的日子就变得紧巴巴的了。

医生在提供自己的劳动力之前需要接受更多的教育，花费更多的时间，而护士所需要的培训则简单很多，因而护士的工资就很难赶上医生。技能和经验的累积也是同理，熟练工人的工资总是会高于新手。

所以读书和培训并非无用之功，很多人喜欢去考各种资格证也是一种合理的选择，毕竟作为个人来说，在教育上投入能够获得的工资增长是最为直观明确的，这也是中国家庭重视教育的理性选择。

如果教育和技能只是前期的投资，那么教育带来的收入提升是会趋于减少的，毕竟不管你之前受过多少教育，同样一碗饭都能让你活下去干明天的活儿。所以不断地学习和提升，活到老学到老，虽然是碗陈年鸡汤，但也并非没有现实意义。

那么为什么有些"成功人士"反而会鼓吹"读书无用论"呢？因为他们靠资本过活，本来就不是领工资的人，也不是靠自己的教育和技能发家的，读书对他们来说自然是无用的。可是如果普通大众也信了这种神话故事，大概率是成不了"成功人士"的，而是只会给"成功人士"提供廉价劳动力。

劳动者的教育越少，资本家所需要支付的工资就越少，他们可巴不得大家都认为读书无用呢……当然，什么样的培训和教育是真正能带来工资增长的，这取决于社会的具体需要和个人的具体情境，对于个人而言，不是说更多的教育一定能带来更高的工资，但是对社会平均来说，教育带来的收入提升是在理论和实践中都得到了严格证明的。

资本家难道不想要高素质的劳工、高技能的员工吗？

不是的，资本家当然想要这样的员工。但是资本家也想要廉价的易于支配和替换的员工。一个技能齐全，能够完成产品生产中所有流程的高素质员工，要让资本家花费的成本，可是要高于四五个只能在流水线上完成某个流程的普通员工。不光是因为高素质员工的薪酬更高，而是因为掌握了全套生产技术的员工，会反过来挟制资本家，因为少了他就不能生产。资本家可不想依赖员工，而是希望让员工依赖自己。

所以在资本主义时代之前，手工业者的主流生产方式是每个人都要能独立生产自己的产品，而资本主义的生产方式则是机械化流水线，流水线上的每个员工只需要负责最简单的一个环节，而不需要太多的技能和教育水平。这样一来，每个员工的工资就会极为低廉，而一旦员工有反抗，资本家可以轻易地替换掉他而不用担心影响生产。

这种将生产简单化机械化的趋势从工业革命延续到现在，一直没有断绝，这就是为什么我们现在看到自动化技术不断得到应用，机器人和人工智能在生产中发挥着越来越大的作用。提高效率自然是一方面原因，但借此减少对员工个体的依赖也是重要的考量之一。

历史和道德对工资的约束

马克思也强调，工资并不是一个固定不变的值，而是要考虑到劳动者和资本家所处的社会：

> 由于一个国家的气候和其他自然特点不同，食物、衣服、取暖、居住等等自然需要本身也就不同……其中主要取决于自由工人阶级是在什么条件下形成的，从而它有哪些习惯和生活要求。因此，和其他商品不同，劳动力的价值规定包含着一个历史的和道德的要素。

什么是"历史的和道德的要素"？马克思没有再详细说。事实是，不同的社会以及不同的社会群体都有不同的要求。

对于信仰宗教的社会来说，为劳动者提供宗教上的保障肯定是要考虑在内的，劳动者的工资不光要满足他们物质上的需要，也要满足他们相应的精神生活。

当然，若是有足够的利润存在，资本家也不在乎那么多。比方说，一些中东神权国家的主要劳动力来源是外籍劳工。但即便这些外籍劳工大都同样信仰伊斯兰教，他们却依然缺乏"同胞"应有的劳动保障和尊重。可见，不管宗教势力多么强大，资本家多么虔诚，劳工们的待遇却难以符合教义要求。

中产劳动者也有自己的一套社会规范，比如要求穿什么样的衣服，用什么样的牌子，看什么样的媒体，说什么样的话语，进行什么样的娱乐，孩子上什么样的学校，家里住什么样的小区……不遵守这些规范，就好像没法在公司立足，没脸见人一样。

维持一个所谓"体面的"中产阶级生活所需的成本，当然被考虑在了工资范围内，但这并不是一个足够强的社会规范。

本质上讲，相信自己的消费品位可以提升自己的阶级地位，无非就是消费主义的商品拜物教罢了，一个中产人士不会因为跟老板买了同一款表住了同一间酒店而真的就变成资本家。资本家当然也明白，中产阶级的生活质量并不真的与他们的工作能力挂钩，中产阶级搬砖的时候并不需要懂滑雪练瑜伽。

在年景好的时候，资本家有余力支付更高的工资来满足中产阶级的生活方式，让他们保持一个相对稳定良好的身心有助于提高工作效率。但是一旦遇到经营困难，工资就成了需要削减的开支，资本家们降薪裁员的时候可是根本不会考虑谁每年要花多少钱去健身和旅游，谁每年要花多少钱供孩子上国际学校，谁每年要花多少钱去还高档小区的房贷……

不好意思，消费降级吧。

很多看似光鲜的白领一旦被裁员，一夜之间就会从中产沦落为无产，因此还不起身上背的贷款而自杀（甚至很多人并非真的走到了破产这一步，仅仅是因为无法维持原先的生活方式和消费水平，就承受不住心理和社会的压力了）的情况也并不少见。

反过来说，如果一个拿着中产工资的人不认为所谓的中产生活方式是必要的，那么倒是可能攒下一些积蓄用来应对这些风险，只不过在日常生活和人际交往中要面临更多的压力了。

劳动者的抗争会影响整体工资水平

可见，社会规范虽然对于劳动者的工资和待遇有所影响，但并不足以可靠地约束资本家。

那什么更为可靠呢？劳动者自身的斗争也许更为可靠。

正如马克思所指出的，"主要取决于自由工人阶级是在什么条件下形成的"。

如果一个国家的阶级斗争历史较长，工人阶级通过斗争，迫使资产阶级意识到整个社会的稳定有赖于工人的福祉，该国工人的工资就会相对更高。工会的存在也是同样的意义，通过持续地与资本家斗争，来争取工人阶级所应得的生存标准。

在全球化的今天，工会的斗争也日渐困难。毕竟资本家可以轻易地雇用或者外包来自其他国家的低廉劳动力，而无视本国的工资标准。反过来，工会——特别是欧美国家的工会——在当前也日趋变得保守和封闭，常常满足于本团体的特权而忽视工人阶级的整体利益，忘却了阶级斗争的历史，反而把别国工人阶级看成是比本国资本家更大的威胁。

因而在当前的情况下，曾经享受高工资的发达国家工人，他们的实际工资也在趋于下降，回归到仅能保障基本生活的程度。

可见，工资的高低归根结底还是取决于劳动力的价值，除此之外的各种因素都只是使其围绕一定范围来波动。

工资为什么总是"月光"

劳动者的地位是天然不利的

现在就可以解释：为什么我们攒不下钱？为什么我们总觉得工资不够用？

答案很简单,因为工资本来就不是让我们攒下来的。工资的价值,本质上是劳动力再生产的成本,除了让我们维持生计之外,再无其他目的。

反过来说,我们之所以会出卖自己的劳动力,接受工资,也是为了养家糊口。

劳动力这种商品的特殊之处在于,我们每天都需要衣食住行来维持自己的劳动力,维持自己和家庭的生计。因此,劳动力在没有卖出去之前,就已经预先耗费了各项成本,这就使得劳动力的所有者天然处于一种不利的地位。

正如马克思强调的:

> 劳动能力不卖出去,对工人就毫无用处,不仅如此,工人就会感到一种残酷的自然必然性:他的劳动能力的生产曾需要一定量的生存资料,它的再生产又不断地需要一定量的生存资料。于是,他就和西斯蒙第一样地发现了:"劳动能力……不卖出去,就等于零。"

这也是为什么劳动力市场并不是一个普通市场,不能仅用供给需求来分析，好像劳动者们都可以悠闲地待价而沽，等待出价最高的买者。看似买方和卖方的双向选择，自由交易，但很多劳动者时刻都要为了自己的生计而发愁，往往没有太多选择的空间，只能焦虑地抓住能让自己存活下去的一切机会，不论资本家所提供的工资是多么微薄。

于是资本家得了便宜还可以卖乖：你看，我哪里是剥削，分明是制造就业，保障工人的生计啊！没有我们辛苦付出发工资，这些工人都要喝西北风，还不快来感谢我们？

甚至有的资本家还很委屈，他们明明投入了那么多资本，冒着破产的风险去雇用工人，而工人呢？他们除了会"失掉自己的工资，不冒任何风险……工人没有付出任何物质的东西"。

劳动者其实在为资本家冒风险

资本家的这种自我感动我们暂且先在这里记下来，等随后仔细分析剩余价值的产生时，再做评判。现在我们可以先想想，资本家去雇用工人，是在拿自己的资产冒破产的风险来做慈善吗?

如果这样的逻辑成立,那么我们是不是同样可以说,工人们是在用自己的劳动力冒着饿死的风险来支持资本家?

天底下的商品,向来都是先买再用。可是唯有劳动力不一样,往往都是先用再买。劳动者们从来都是先无偿地替资本家干活,自己承受着这期间的生活成本,随后才收到工资,而这个工资不光会被以各种奖惩制度为名克扣,甚至可能直接被拖欠。

马克思在《资本论》里就记载了英国资本家的"骚操作":

> 在英格兰(特别是苏格兰)的许多农业区,工资是每两周、甚至每一个月发一次。支付期这样长,农业工人不得不赊购商品……他必须付出较高的价钱,他实际上已被赊卖东西给他的店铺束缚住了。例如,在威尔特郡的霍宁舍姆,每月发一次工资,工人购买一英石面粉要付2先令4便士,而在别的地方则只要1先令10便士。

这样的故事在当代仍然或明或暗地上演着。

很多劳动者们明明一直在替老板干活,却被迫要向老板支付各种名目的费用,到头来反而变成了自己欠老板的钱。最为极端的例子就是那些来自第三世界的偷渡者,他们不光在事前就要向蛇头支付大笔酬劳,在偷渡成功之后也往往要被迫替蛇头打上很多年的黑工甚至参与非法生意,才能偿还蛇头声称"借"给他们的路费。

所以资本家就是真的遭遇了风险,厂子倒闭了,也大可以拍拍屁股卷款跑路。而工人呢,辛辛苦苦为老板打工大半年,血汗钱一分得不着,还得赔进去工作时的衣食住行。

当然,这种事情不只会发生在蓝领工人和农民工身上,每次某个行业的泡沫破灭,我们都可以看见大批中产白领被发不出工资的公司扫地出门。

大家评评理,这到底是谁在为谁冒风险呢?

资本家心里明知自己的天然优势

然而很多为资本辩护的人,看不见劳动者和资本家在力量上天然的不平等,只是看到了表面上的"自由选择""市场力量""契约精神""利益共同体"……即便这些所谓的自由和权利,最后带来的是资本家对劳动者的专制和奴役。

所以马克思在分析劳动力的买卖时,有这么一段讽刺:

> 劳动力的买和卖是在流通领域或商品交换领域的界限以内进行的,这个领域确实是天赋人权的真正伊甸园。那里占统治地位的只是自由、平等、所有权和边沁……使他们连在一起并发生关系的唯一力量,是他们的利己心,是他们的特殊利益,是他们的私人利益。正因为人人只顾自己,谁也不管别人,所以大家都是在事物的前定和谐下,或者说,在全能的神的保佑下,完成着互惠互利、共同有益、全体有利的事业。

大家可以仔细品味一下马克思的这段话，人权、自由、平等、理性、不可侵犯的私有产权……这些看似伟大光明正确的抽象概念背后，掩盖了什么样的实质关系？

现在只是谈到资本赚钱秘密的第一步——雇用劳动力。在下一章，我们将要分析劳动者在被雇用之后要做些什么事。

> 我们的剧中人的面貌已经起了某些变化。原来的货币占有者作为资本家，昂首前行；劳动力占有者作为他的工人，尾随于后。一个笑容满面，雄心勃勃；一个战战兢兢，畏缩不前，像在市场上出卖了自己的皮一样，只有一个前途——让人家来鞣。

可以想象，这不会是什么愉快的事情。

资本家的天然优势

05

劳动者们，快到碗里来！
——劳动过程和价值增殖

"当我们听到资本家们夸耀自己的能力和成就的时候,我们要想到,这不是因为他们了不起,所以才有了钱,而是因为他们有了钱,所以才'了不起'。"

劳动者要做什么?——劳动就好了

你热爱的是自由劳动

按马克思所说,劳动力的所有者被资本家雇用,畏畏缩缩,像一张皮一样,等待被鞣制。那么劳动者究竟要做什么?是怎样的命运在等待着劳动者呢?

不用故弄玄虚,劳动者既然出卖了劳动力,那么要做的事情自然就是劳动了。

什么是劳动呢?按照马克思的说法,"劳动首先是人和自然之间的过程,是人以自身的活动来中介、调整和控制人和自然之间的物质变换的过程"。

简而言之,劳动就是人类有意识地有目的地改造自然的过程。

而所有的劳动过程,都有三个基本要素:"有目的的活动或劳动本身,劳动对象和劳动资料。"

我们可以把劳动对象当成自然产物或者人工开采出的原料，而劳动资料则是我们用来处理这些劳动对象的工具。劳动过程就是人的劳动借助劳动资料使劳动对象（劳动资料和劳动对象统称为生产资料）发生预定的变化，从而形成产品。

任何劳动过程都可以如此分析：我们做菜的时候，做菜的原料是劳动对象，而所用的厨具则是劳动资料，最后的产品就是端上桌的菜肴；而我们写代码的时候，劳动对象就是需要编写的那个程序，劳动资料是用来编程的软件和设备，最终的产品则是编好的程序。

劳动本身没什么可怕的地方，反而应该是美好而光荣的。

正如马克思在《1844年经济学哲学手稿》中指出的，劳动是人的本质属性，是人区别于其他生物，证明自己存在的方式。我们活在世上一日，就一日离不开劳动，不光是为了生存，也是为了生活。

我们平时谈到劳动，大都会想到迫于生计所做的辛苦工作。但是当自己闲下来的时候，是不是也有着劳动的冲动？想着做些什么，来满足自己内心创造的欲望，即便没有任何金钱报酬，大多数人也会有各种自发的用于愉悦自己身心的劳动，比如种菜或者做饭。

即便没有生存的压力，长时间地脱离劳动也会给人带来心理和生理的负担，通俗地说，就是会闲出病。相信大家在经历过2020年超长的春节假期后，应该都会对这一点有所体会。

你不热爱的，是被异化的劳动

只有自由的劳动才会给我们带来理想的生活，被资本所雇用而进行的劳动往往是另一回事。

当资本家雇用劳动者的时候，我们就迎来了劳动的第一层异化：劳动活动本身的异化。我们的劳动目的不再是为了自我的提升，不再是为了满足自己生活的需要，而变成了为资本家服务，满足资本增殖的需要。

于是，我们自觉自愿的劳动，就变成了资本家监督之下的工作。而资本家当然不在乎我们的劳动环境是否合适，我们的劳动强度是否合理，我们的劳动目标是否合乎我们本身的需求……资本家在乎的，只是我们的劳动能否为其所用，能否带来价值。

当我们的劳动力已经被资本家购买，成为资本家的所有物，我们自身的意愿就不重要了。正如我们买来一匹马，我们不会关心马自己是想去草原驰骋还是想去溪谷漫步，只会关心这匹马能不能听我们的指示，去我们想去的地方。

当然，我们大部分人可能也不会刻意地虐待马，有的时候也会关心马儿的健康。但是，我们永远都不会让马儿自行奔跑，脱离我们的利用。

同样的事情，也发生在雇佣劳动之上。

资本家们总是极力宣称他们与劳动者是一体同心：劳动者不是在为资本家干活儿，而是在为自己的幸福奋斗，而劳动者为资本家做的所有事情，都是在磨炼劳动者的身心……

我们之所以把工作称为"搬砖"，不是没有道理的。我们为了磨炼自己的意志，提高自己的水平而进行的艰苦劳动，和单纯地受折磨显然是不同的。

且不说那些枯燥无味与搬砖无异的机械重复劳动，也不说那些与我们自身意愿完全相悖而被迫从事的强制劳动……就算是劳动者自身所喜爱的创造性劳动，资本主义雇佣关系也会消磨掉劳动者本身的热情和爱好。

就好像一个热爱写作的作家，一旦被资本雇用，为资本的喜好写作，被资本的压力管束，他也很快就会痛恨写作这项工作的。

对于涉世未深的年轻人来说，资本家的这种谎言还是有效的。所以企业都喜欢招聘实习生，让他们相信自己不是在干活，而是在积累必要的工作经验，提升自身的各项能力。然而，积累的经验，提升的能力，即便存在，也不过是为了让他们能更好地为资本干活儿罢了。

企业也都很喜欢宣传所谓的理想和愿景，让员工们以为自己不是在打工，而是在实现某种理想。事实是，企业并不关心员工自己有什么理想，只关心员工能不能实现企业的理想。

反过来，资本家也会用类似的说辞来为自己的压迫辩解。比如职业学校的学生们往往会在本该上课的时候被拉去工厂做工，不光没有报酬，反而还要被说成是一种"宝贵的教育"，好像是资本家们吃了亏，在为教育事业做慈善一样。

类似的事情不只是发生在职业学校的学生身上，就连想要搞学术的硕士博士们，也大多为学校或者导师贡献过无偿或低廉的劳动力——以教育之名。

在美国，博士研究生们担任助教，劳动强度大，报酬低。然而，校方还千方百计地阻挠学生们组成工会维护权益，对外给出的理由之一就是：学生们为学校干的活儿并不是工作，而是一种教育经历——这是多么侮辱学生的智商？

可是即便如此，我们也没有办法拒绝这些"侮辱智商的工作"，不然怎么挣钱交房租呢？嘴上再怎么骂老板，钱包还是诚实的——看到工资入账的时候，甚至内心还禁不住有一点感激之情。

我们亲手生产的产品却不属于自己

我们心里很清楚，自己当不了资本家，只能当劳力，除了被雇用之外没有别的出路。对于我们绝大部分人来说，我们必须依靠资本的雇用，才能获得工作所需的各项生产资料（对于产业工人来说是机器或者厂房，对于服务业者来说是营销网络或者知识产权），也只有依靠资本才能把我们的劳动产品转换为金钱，我们无权出卖自己在被雇用期间所生产的一切。

没有资本，我们什么都不是，什么都没有。

这就是资本主义生产关系下的劳动过程,以及劳动的第二层异化:劳动者与劳动产品的异化。

为自己劳动和为资本劳动的一个重要区别就是:当我们为自己劳动时,我们自己掌握生产资料,也拥有自己的产品;而当我们为资本劳动时,我们既没有生产资料,也无法拥有自己的产品。

所以我们会看到,种植可可豆的农夫尝不到巧克力的滋味,生产奢侈品的工人买不起他们制造的产品,在高档酒店服务的人员吃不上自己招待客人的珍馐美味……这些都是劳动者与自己的产品分离的明显例子。

很多人会认为这只不过是下层劳工的贫困所导致的,却意识不到更深层次的问题来自于资本主义生产关系让这些劳动者无权拥有自己的劳动果实。

这种异化对相对富裕的中产阶级也是一视同仁的。

公司当然千方百计地想让员工有归属感和成就感,让员工以为自己所做的项目、所造的产品如同他们自己的"孩子"一般。但是员工一旦打算自己决定"孩子"的命运或者把"孩子"直接带走,公司马上就会撕下温情的面纱,用公司章程和资产阶级法权来宣示资本对产品不容置疑的所有权。

大家经常会在新闻上看到CEO跟董事会的争斗，可以想象，即使一个公司最高层的管理者对经营方向不满，或者想要对公司实现更多控制，都会被董事会扫地出门，那么普通员工又有多少权力呢？

这就是我们在出卖劳动力之时所要面对的后果。

契约早就摆在了那里：我们只出卖劳动力，只获取工资，剩下的一切都是资本的。白纸黑字清清楚楚，如果对此有意见，那就是违反契约精神，违反法制原则。

于是，在资本主义雇佣关系之下，自由的劳动者现在已经沦为了不自由的劳工，而本应为劳动者带来满足和快乐的劳动也异变成了为资本带来利润的强制劳动。

一切都已经准备就绪了。资本家在雇用了劳动力，异化了劳动者和劳动之后，终于准备好迎接下一步了，那就是资本的增殖，也就是——赚钱。

劳动的异化

资本家要做什么?——让资本增殖

资本增殖是这样实现的

纺织业是工业革命的起点,也是19世纪英国最繁荣的产业之一,所以马克思在《资本论》中用此作为分析资本的例子。我们把这个例子换成现在的任何产业都是同样适用的,不管我们的资本家是想要生产手机还是运营互联网服务。

我们就先用马克思在《资本论》中的例子来分析资本增殖的过程吧:假设这位资本家想要通过纺纱来赚钱。

资本家先去购买了生产资料:棉花、纱锭,还有相应的机械。假定纺出10磅棉纱需要消耗价值10先令的棉花,再加上纱锭和机械的损耗价值2先令,那么10磅棉纱就蕴含了价值12先令的生产资料。

我们在这里为了讨论方便,直接用货币价格来表示价值，但这些货币背后对应着社会必要劳动时间。还要注意，棉纱蕴含的生产资料价值也应等同于社会平均水平。

假设1小时的社会必要劳动时间等于0.5先令，那么12先令的生产资料对应24个小时（我们暂且把19世纪英国的计量单位也搬过来）。

生产资料就位之后，资本家该向其加入劳动力了。假设我们雇用劳动力一天的工资是3先令，也就是说维持该劳动者一天的生计平均需要3先令的生活资料，而这些生活资料蕴含的社会必要劳动时间为6个小时（根据刚才1小时等于0.5先令的假设）。

同时我们再假设，这6个小时的社会必要劳动时间里面，劳动者可以消耗价值2先令的纱锭和机器，将价值10先令的棉花纺成10磅棉纱。也就是说，在劳动者纺出10磅棉纱的时候，他所消耗的劳动，跟他的工资所蕴含的劳动，刚好是等价的，即价值3先令。

现在，我们知道了这10磅棉纱的价值了：劳动者6个小时的劳动价值（等于3先令），加上生产资料所蕴含的24个小时的社会必要劳动时间（等于12先令），等于30个小时（15先令）。按照等价交换的原则，资本家只能把这10磅棉纱按照15先令的价格出卖。

那么为了生产这10磅棉纱资本家消耗了多少资本呢？也很简单，雇用劳动者的3先令，加上生产资料的消耗所花的12先令，一共也是15先令。

在一整套流程之后，我们发现了一件奇怪的事情：资本家做的是等价交换，没有赚到钱。他从纺织中赚取的资本，跟他投入的资本一样多。

资本家驱使劳动者工作6小时生产10磅棉纱的成本与收益

资本家支付的金钱成本		资本家获得的金钱收益
生产资料	12先令（24小时社会必要劳动时间）	10磅棉纱的价值是生产它所需的社会必要劳动时间，也就相当于12+3=15先令（30小时社会必要劳动时间）
劳动力	3先令（6小时社会必要劳动时间）	

剩余价值——另外半个工作日的产出

怎么回事，资本家怎么没有赚钱呢？

马克思在描述完上述的假设场景之后，强调了一下资本家此时的心情："我们的资本家愣住了。产品的价值等于预付资本的价值。预付的价值没有增殖，没有产生剩余价值，因此，货币没有转化为资本……已有价值的这种单纯相加，永远也不能产生剩余价值。"

但是很快，我们的资本家又冷静了下来："而他得意地笑了笑，又恢复了他原来的面孔。他用一大套冗长无味的空话愚弄了我们。"

为什么呢？答案就在劳动力当中：

> 维持一个工人24小时的生活只需要半个工作日，这种情况并不妨碍工人劳动一整天。因此，劳动力的价值和劳动力在劳动过程中的价值增殖，是两个不同的量。资本家购买劳动力时，正是看中了这个价值差额。

劳动力既然已经出卖，其劳动过程和劳动成果就完全受到买家，即资本家的支配了。劳动者尽管只需要半个工作日就可以完成与工资价值相等的劳动，却不得不在资本家的支配下工作一整个工作日，那么他在另外半个工作日的产出，就将提供资本的增殖。

因此马克思笔下的资本家早就成竹在胸：

我们的资本家早就预见到了这种情况，这正是他发笑的原因。因此，工人在工场中遇到的，不仅是6小时而且是12小时劳动过程所必需的生产资料。

12个小时的生产资料，就要求我们把刚才12先令的生产资料翻一倍，变成24先令。而工人在这一日的工资仍然是3先令。两者相加，成本总计为27先令。我们假设工人的生产跟原先一样，那么12个小时的产出也是刚才的两倍，即20磅棉纱，价值30先令。

我们假想中的资本家，投入了27先令资本，购买了相应的生产资料。雇用了一个工人劳动一天，最终获得了30先令。在没有违反等价交换的前提下，资本家所拥有的资本，就这样神奇地增加了3先令。

这3先令的资本增殖额，就叫作剩余价值。

 按照**价值理论**，这些棉纱蕴含劳工创造的价值3先令和原料的12先令，可以卖出15先令。

老板每天给我工资3先令，刚好是我维持一天生计的成本。如果我每天工作6小时，就正好可以创造这么多的价值。

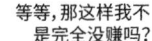 等等，那这样我不是完全没赚吗？

  =

人工：3先令　原料：12先令　　15先令

资本家支付的**金钱成本**　　　　资本家获得的**金钱收益**

 在实际情况中，资本家往往会迫使劳工工作更长的时间，但并没有给劳工增加相应的工资。劳工创造的价值与工资产生的差值，成为**剩余价值**，最终进入资本家的腰包。

 从今天起，每天工作12小时！

剩余价值：工人的额外劳动，资本家并未支付这部分工资

赚了3先令！

你让我工作12小时，可是工资只有6小时的价值啊！

*剩余价值　原料：24先令　　< 　30先令

人工：3先令

资本家支付的**金钱成本**　　　　资本家获得的**金钱收益**

资本家是如何通过剩余价值获得利润的？
——以棉纱为例

资本家驱使劳动者工作一整个工作日（12小时）生产20磅棉纱的成本与收益

实际耗费的社会必要劳动时间		资本家支付的金钱成本		资本家获得的金钱收益	剩余价值
生产资料	48小时社会必要劳动时间	生产资料	24先令（48小时社会必要劳动时间）	10磅棉纱卖15先令，那么20磅则卖15x2=30先令（30小时社会必要劳动时间）	收益减去成本，也就是30-（24+3）=3先令（6小时社会必要劳动时间）
劳动力	12小时社会必要劳动时间	劳动力	3先令（6小时社会必要劳动时间）		

赚了钱是谁的功劳？——剩余价值的所有权

资本家：我投入资本的功劳

现在我们可以来思考一下这个问题：资本家的账上

多出来的这3先令剩余价值是如何创造出来的？是属于谁的？

按照我们刚才的分析，这3先令本来是劳动者通过自己的劳动创造出来的，却由于劳动者已经出卖了劳动力，他除了工资之外无法收取任何价值，因而他创造出来的这3先令被资本家占有了。

也就是说，工人在辛劳了一天之后，有3先令的剩余价值被资本家剥削了。

同样的道理可以适用于任何的工作。我们工作产出的价值（即劳动力的使用价值）总会大于工资（即劳动力的价值），那么这些多出来的部分，这些蕴含了我们的劳动却不归我们所有的部分，就是资本家的剥削了。

但是我们的资本家可不爱听剥削这个词，他表示抗议：这些多出来的剩余价值，难道不是他投入的资本的功劳吗？

于是马克思笔下的资本家跳起来了：

> 他强硬起来。难道工人光用一双手就能凭空创造产品，生产商品吗？难道不是他给工人材料，工人才能用这些材料并在这些材料之中

来体现自己的劳动吗？社会上大多数人一贫如洗，他不是用自己的生产资料，棉花和纱锭，对社会和由他供给生活资料的工人本身进行了莫大的服务吗？难道他的服务不应该得到报酬吗？

马克思紧接着反问了一句：

> 但是，工人把棉花和纱锭变为棉纱，不也就是为他服务了吗？

马克思的反驳自然是犀利的，但是我们不能在此止步，放任资本家把水搅浑，好像资本家和工人之间是相互服务，所以资本也如同劳动一般创造了价值。

为了解释这个价值来源问题，我们需要再一次回顾劳动过程，以及劳动价值论。

我们知道，资本家购买了生产资料，并且认为这些生产资料产生了价值。可是这些生产资料是哪里来的呢？

劳动最终生产出来的产品，和劳动所需的生产资料，是相互转化的。我们在今天劳动所需要的生产资料，往往是昨天的劳动者生产出来的产品，而我们今天生产出来的产品，往往又会变成下一个劳动者所需的生产资料。就好像一个铁匠，他用来打造的铁是矿工的产品，而他打造出来的产品，一把新的农具，将成为农夫的生产资料……

所以在这种不断转化的劳动过程中，我们拥有了生产和生活中所需的一切事物，而一切事物的价值最终都可以追溯到劳动上，资本家所购买的生产资料也不例外。

因此，那些资本家所占有的厂房和机械，本身也是前一阶段的劳动者们生产出来的劳动产品。

劳动者拯救了资本家的机器

那么为什么这些劳动产品在随后产生的价值，却不归于创造了它们的劳动者呢？

更重要的是，所有的生产资料都不可能自己动起来创造价值。不管是机器还是房屋，如果没有劳动者对其赋予劳动，就只是一堆会自然消亡的废铁，毫无价值可言。

从这一角度看,不是资本家拥有的机器拯救了劳动者,而是劳动者拯救了资本家的机器,让这些劳动产品的使用价值得以延续和保存。

资本家可能又会反驳:这是在抬杠!我们早就在买下厂房和机器的时候,支付了这些机器所包含的劳动价值,而这些生产资料既然已经变成了我们的所有物,那么他们产生的价值当然应该归于我们。

资本家的反驳看起来有一定的道理,不过这里面就有一个关键问题:为什么资本家可以占有这些生产资料,而劳动者却不可以?

如果说资本起到的作用,就是把前一个劳动者生产的产品买下来,用作下一个劳动者生产的生产资料,那么为什么劳动者之间不直接进行交易呢?生产资料的所有权,为什么是在资本家而非劳动者手中?

就好像一个矿工把自己开采的矿石直接卖给铁匠供其打制成工具,而铁匠直接把自己打制出的工具卖给农夫供其耕种,这中间好像不需要资本参与啊?更不用说购买和配置生产资料的具体工作,本来就是资本家雇用的劳动者们自己完成的,资本家自己可不知道也懒得知道机器该怎么装配，厂房该怎么选址。

> 资本所做的只有"占有"这一件事，资本的收益与其说是购买的机器带来的，不如说是"所有权"带来的。如果"所有权"本身能产生价值，那么一个人抢占了另一个人的房子，索要赎金，是不是也是合理的价值呢？这个所有权的来源又是什么呢？资本家占有生产资料这件事，虽说是如今的常态，却并非天经地义。

资本家也拿自己的勤奋说事儿

我们的资本家可能也会觉得，一味强调资本的价值，显得自己好吃懒做没有劳动，形象不太好，于是又想到了新的说法："难道他自己没有劳动吗？难道他没有从事监视和监督纺纱工人的劳动吗？他的这种劳动不也形成价值吗？"

马克思再一次反驳了他笔下的资本家："但是，他的监工和经理耸肩膀了。"这里，马克思试图塑造画面感。

当然了，不管怎么说资本家还要付出挑选监工和经理的劳动，如何用人是很重要的！只不过他的监工和经理往往很方便地就是自己家族的亲戚，而自己的亲戚继续方便地将监工和经理的职责再下放给自己的熟人……（参考一下美国前总统特朗普是怎么把他的资本家习气带到了白宫，让他的女儿女婿方便地担任政府要职的。）

信奉"企业家精神"的人不服气了：不要吃不到葡萄说葡萄酸！你们这是在拿个例来抹黑勤劳致富的企业家！谁说资本家不劳动的？资本家不是一个个日理万机比员工都拼命吗？人家不是比你有钱还比你努力吗？

比如前一阵离奇死亡的美国亿万富翁爱泼斯坦，确实是日理万机，为了让大家都过上资本家们奢靡腐化的生活，整天忙着在自家豪宅里为政要名流拉皮条呢。

资本家本就是无休止地谋取利润

我们当然不否认有勤奋的资本家，甚至认为，一个真正的资本家，既然其人生目标是为了资本的增殖，就不应该是一个贪图奢侈享受的人，而应该克制自己消费掉资本的欲望，将自己的身心和资本都投入到如何产出更多资本这个使命上。

马克思对资本家做了如下描述：

> 他这个人，或不如说他的钱袋，是货币的出发点和复归点。这种流通的客观内容——价值增殖——是他的主观目的；只有在越来越多地占有抽象财富成为他的活动的唯一动机时，他才作为资本家或作为人格化的、有意志和意识的资本执行职能。因此，决不能把使用价值看做资本家的直接目的。他的目的也不是取得一次利润，而只是谋取利润的无休止的运动。

然而很不幸，很多现实中的资本所有者，都不够格被马克思认定为完美的资本家。毕竟企业的战略和日常的决策完全可以交给职业经理人，资本增殖的具体劳动也是可以靠资本来雇用的，他们只需要享受资本所有权带来的收益就够了。

当然，捂紧钱包，防止资产流失，和自己的经理人以及亲朋好友上演宫斗戏，可能也很辛苦。其实也许这才是真正的资本家吧。除了钱一无所有，绝不靠金钱之外的任何能力，多么有气节。

不过为了公平起见，避免我们被说成是仇富心理作祟，恶意丑化为社会做贡献的杰出人物，我们还是假设资本家们至少都贡献了管理和决策的劳动。那么资本家这些劳动力的价值该怎么计算呢？

按照维持资本家工作所需的生活成本来看，好像这个劳动的价值不太可能高于我们一般从事脑力劳动的员工，再怎么高，也不太应该高于经理们。当然，如果资本家表示私人飞机和热带小岛也是维持生计必不可少的一部分，那我们也只能耸肩膀了。

如果我们勉强承认，资本家有一套特别的工作方式，不去高档会所就谈不了生意的话，那这部分也肯定要算进企业的运营成本而不是资本家个人的劳动成本。

资本家可能会反驳，他们提供的劳动比一般员工更加高级，更有技术含量，需要多年的教育和经验的积累，不是我等常人能够想象的，因此这些成本也要考虑在工资之内（科学家在一旁耸了耸肩膀）。

资本家的活儿，我们真的干不了吗

好吧，我们不懂有钱人的快乐，也不懂有钱人的辛苦。但是想象一下，资本家提供的劳动，究竟我们一般人能不能做到？

各种文艺作品，以及各路媒体，都喜欢把资本家描绘成一群智商超群、能力卓著的贵族精英，从而让他们配得上自己的庞大资产。这样的人当然存在，虽然他们的能力往往被夸大扭曲并且加上了个人崇拜色彩，我们也要承认有些资本家是拥有突出的能力，做出了重要的贡献的。但是这样的人有多少呢？资本家这个群体需要这些能力吗？或者说，各行各业都有能力超群并为社会做出杰出贡献的人，为什么单独资本家拥有庞大的资产呢？

在各类社会新闻中，可以看看这个世界上求神拜佛被各种"仁波切"套路的资本家有多少，再看看病急乱投医被各种伪科学或者传销组织笼络的资本家又有多少。

重点不是他们的迷惑行为，也不需要考虑他们占资本家的比例有多大，而是这些诈骗案例揭示出这样一个事实：这些上当受骗的资本家堪忧的智商，一点都不妨碍他们履行自己资本家的职能，一点都不妨碍他们赚大钱（好让别人骗走）。

不久前美国名校有个招生丑闻：众多名流富豪为了让孩子入学，要么直接考试舞弊，要么用离奇的运动员身份保送入学。重点不在于这些富二代个人能力如何——显然不符合文艺作品里面的"比你有钱还比你努力"的形象，也不需要知道富二代们有多少人是这样——显然比例不会太低，而是这些招生丑闻反映出这样一个事实：资本家们认为这些要继承家产的富二代，不需要什么真才实学，只要有个名头就可以了。

伊万卡当年怎么卖掉的柠檬水

特朗普的女儿伊万卡是怎么描述自己的励志经历和企业家精神的呢？她写到，自己小的时候就知道要靠个人努力来挣钱，于是当他们兄妹几个被要求通过卖柠檬水来磨炼赚钱本事的时候，他们不知道怎么选址，不知道怎么推销，于是根本卖不出去。但他们最后还是把钱赚到了:他们把柠檬水强行卖给了自家雇用的司机、保镖,还有清洁工。

伊万卡甚至表示:"我们能卖出柠檬水,应该归功于我们的魅力和营销技能……这宝贵的一课在我们日后步入事业之时仍然能够反复用到……"

重点不在于伊万卡个人的能力,也不在于有多少人认同或者反对她,而在于这本充满奇葩言论的自传揭露出了这样的现实:伊万卡自己,伊万卡的资本家亲朋好友们,都觉得伊万卡所描述的"企业家精神"是完全正常的,是可以拿出来夸耀一番包装成励志典型的。

所以各位读者,如果你们觉得自己至少不会被"仁波切"骗走几百万,不会靠走后门上大学,不会把自己因家世受到的恩惠当成自己的真本事……那么恭喜你们,你们已经比相当多的资本家强了。

因此,资本家没有什么资本可以说"你行你上啊"。

事实是,我们谁上都行。

从这些典型案例中我们可以看到,资本家们没有三头六臂,他们跟常人一样,会犯傻会被骗。唯一不同的地方就是,他们有资本。

所以当我们听到资本家们夸耀自己的能力和成就的

时候，我们要想到，这不是因为他们了不起，所以才有了钱，而是因为他们有了钱，所以才"了不起"。

因此，当我们花了这么多的篇幅，把资本增殖的过程摊开来看，揭开所谓赚钱的秘密，我们看不到多少资本的价值所在，只能看到劳动无处不在。

于是我们就看到了一个矛盾：资本增殖的价值来自于劳动者，但是资本增殖的收益却归属于资本家。

对于资产阶级来说，这里没有矛盾，只有合情合理的利润分配，但对于马克思来说，这里的矛盾体现了不可避免的阶级对立。如果我们现在面对这个矛盾，只是觉得有点不对劲的话，这还仅是冰山一角。接下来，马克思继续用科学的分析方法向我们揭示，资本主义社会温情脉脉的表象下面，隐藏着怎样残酷的剥削和斗争。

我们正在逐渐接近这一目标。

06

到底是谁在鼓吹"996"

——剩余价值率和工作日

> 一百多年以前,工人经过无数牺牲才争取到将法定劳动日从12小时降到10小时,最后降到如今的8小时……没想到一百多年后的今天,我们还可以见到那么多为12小时工作制招魂的人。

剥削与被剥削

为了进一步分析资本主义的生产方式，以及劳动者在其中遭遇的剥削，我们在这里需要先跟着马克思建立几个基本概念。

我们知道了资本的增殖是如何实现的，但是资本的每个部分，起到的作用是不一样的。马克思将资本分为两个部分：不变资本和可变资本。

什么是不变资本与可变资本

所谓不变资本，就是指用来购买原料、工具等生产资料的资本。之所以称为不变资本，是因为它本身的价值不会在资本增殖的过程中有变化。就好像上一章提到的，劳动者在生产10磅棉纱时消耗掉了10先令的棉花和2先令的机械损耗，这12先令的价值原封不动地被转移到了棉纱中，不多不少。

简单来说，劳动之外的事物不创造价值，因而用于劳动之外的所有资本都可以视为不变资本。

当然，不变资本不意味着其组成部分的价值完全不可能变动，只是说这个变动不来自于价值增殖过程。

比如说，如果棉花歉收，生产同样棉花所需社会必要劳动时间增加了，棉花的价值就会增加。假如资本家是在棉花涨价之前买入的棉花，那么这一部分的不变资本，就随着棉花的歉收而增加了，而最终棉纱的价值，也会因原料价值的增加而增加。

但是这一增加，不是因为在生产棉纱的过程中对棉花做了什么，只是因为生产棉花的社会生产率发生了变动：我们今天就是不把棉花纺成棉纱，而是直接把棉花卖出去，也可以获得增长的价值。

马克思在这里还小小地提了一句投机经验：

> 棉花经历的劳动过程越少，这种结果（指靠投机棉花获利——作者注）就越可靠。因此，投机的规律是：在发生这类价值变动的情况下，要在加工最少的原料上进行投机，就是

说，在棉布上不如在棉纱上，在棉纱上不如在棉花上。

这就是为什么我们看到期货市场和投机交易往往都是初级产品，比如原油、大豆、黄金。生产这些商品所需要的步骤越少，我们就越容易预测它们价格的变动。

比如中东发生战乱时，原油的供应和生产可能发生困难，我们就可以预测原油价格会上涨。但是如果我们去投机（从原油中加工得来的）润滑油的价格，那么不光要考虑到影响原油生产的因素，还要考虑到从原油到润滑油的诸多环节，那么即便原油价格上涨了，润滑油的加工过程也可能消化原料价格的上涨（比如加工的效率得到了提升），从而导致投机失败。

跟不变资本相对应的就是可变资本，也就是用于购买劳动力的资本。我们知道，在资本增殖过程中，是劳动力带来了剩余价值，而剩余价值可以随着各种条件的改变而改变，这部分的资本也因此得名。

资本家的利润源泉——劳动力

为什么马克思要进行这种可变资本和不变资本的划分呢?——是为了更好地分析资本增殖过程中的剥削。

不变资本负责保存和转移价值,而可变资本则负责创造价值。通过这种区分,马克思再一次向我们强调,在价值增殖的过程中,资本家购买的原料和工具,作为不变资本,本身不产生新的价值。

这些生产资料的价值,需要被劳动保存和转移到新的产品中,而只有劳动力,才是新增价值的源泉。如果没有劳动的加入,这些生产资料的价值就只能白白浪费,变成一堆破铜烂铁。

正如马克思所说:

> 由于加进价值而保存价值,这是发挥作用的劳动力即活劳动的自然恩惠,这种自然恩惠不费工人什么,但对资本家却大有好处,使他能够保存原有的资本价值。当生意兴隆的时候,资本家埋头赚钱,觉察不到劳动的这种无

偿的恩惠。但当劳动过程被迫中断的时候，当危机到来的时候，资本家对此就有切肤之感了。

回想一下，当一场疫情使得员工们都无法上班的时候，不论资本家拥有多少不变资本，不管一个企业占据多少设备和厂房，一切都只能停转。

没有劳动的加入，资本家们赖以生存的资本，借以夸耀的机器，是不会自己活过来的，也不会产生一分钱的价值。马克思在这里不厌其烦地强调这一点，是为了让劳动者能够意识到，劳动者的辛勤工作，与其说是资本家对劳动者的施舍，不如说是劳动者对资本家的恩惠。

当资本家遇上罢工

只有认识到劳动在生产中起到的绝对关键的作用，劳动者才能意识到，自己拥有比想象中更强大的力量，比如罢工：显然，只要劳动者拒绝工作，不变资本只能白白浪费，资本家的利润也无从谈起。

但是面对罢工，资本家显然不会好言好语地去请劳动者来拯救自己的不变资本，他们自有别的手段。最直接的方法，自然就是雇用私人武装来镇压工人，用暴力迫使工人复工。比如有名的平克顿侦探社，因为在1892年被钢铁大王卡内基雇用镇压工人罢工，造成几十名工人的死伤，酿成了震惊全美的血案，从此就沾上了恶名。

类似的事情虽然现在比较少见了，但一些地方的工人仍然面临着当地帮派的暴力威胁。

资本家之所以越来越少地依靠私人的武装，是因为他们可以越来越多地依靠国家和政府的暴力机器。有的时候，政府的警察和军队会直接干着打手的活儿，比如中国共产党领导的二七大罢工，就是被吴佩孚政府用军警镇压下去的，造成了惨重的牺牲。

但更多的时候，资产阶级政府会以法律或者公众的名义来干涉罢工。比如1919年的美国钢铁工人罢工，资本家就一方面利用公众对共产主义和移民的恐惧，煽动民众对罢工者的敌视，甚至煽动不同族裔罢工者之间的种族歧视，另一方面则寻求国家机关的帮助，让军队和国民警卫队逮捕和镇压工人，最终导致了罢工的彻底失败，美国的众多工会从此一蹶不振。

资本家出钱就可消解危机

资本家虽然可以依靠暴力来镇压罢工,但是他们用来消解罢工最有效的武器往往不是枪炮,而是他们拥有的资本本身。

虽然工人的罢工会给资本家带来重大损失,但是没有工作的工人自身也面临着温饱的问题,特别是工人微薄的工资本来就不可能带来太多积蓄。资本家没有了收入可以靠资本支撑,但是工人没了工资,可是连活下去都成问题。所以资本家只要愿意出钱收买,总有一部分工人会迫于生计或者其他原因而愿意复工,罢工也就不攻自破了。

不只是罢工,在任何类似的群众运动和社会变革中,总有人会愿意牺牲整体的长远的利益,而换取个人的短期的收益。这也是为什么成功的革命都需要强调组织性和纪律性,而不只是依靠自发的动员。

占多数的弱者若想战胜占少数的强者,最重要的武器就是团结。反过来说,想要破坏群众的团结,只需要强调自由、奋斗、个人权利这些虚无缥缈的概念,而当群众发现他们作为个人来说毫无力量的时候,所谓的自由和权利也就化为乌有了。

另一方面,之所以要坚持劳动法,保障工人的工资和福利,其实是为了让工人与资本家在谈判中更加平等。

我们经常可以看到资本家和一些经济学家哀叹劳动法对工人的保障,叫嚣这是违背市场规律,只会鼓励懒人。但是,劳动者和资本家的关系不仅仅是经济的,还是政治的。正如我们刚才看到的,只要工人没有基本的经济保障,他们在与资本家的谈判中就毫无地位,看似自由、平等、理性、符合市场规律的劳动契约,本质上却与"不接受就等着饿死"的敲诈勒索无异。

因此,虽然马克思在理论上指出了劳动者所拥有的力量,但是如何运用这一力量,仍然需要历史和实践来告诉我们答案。

"剥削"才是资本家的底色

不变资本和可变资本的区分,不光帮助我们看清了劳动者的力量,也能帮助我们认清劳动者所面临的剥削。

马克思在指出这一区分之后,提出了一个全新的概念：剩余价值率，即剥削率。

什么是剩余价值率呢？就是剩余价值与可变资本的比例。打个比方，我们谈到的纺织棉纱的例子，工人生产12个小时之后，产生的剩余价值是3先令，而工人的工资（即可变资本）是3先令，那么这个剩余价值率就是3/3=100%。

为什么我们要关心剩余价值率这个概念？因为这个比率代表了劳动者被剥削的程度。

在纺织棉纱的例子中，工人只劳动了6个小时就创造了他所得工资的价值（这部分劳动，我们称之为必要劳动，所产生的价值称为补偿价值），补偿了资本家提供的可变资本，那么工人再多产出的部分（这部分劳动我们称之为剩余劳动），就是无偿为资本家生产的剩余价值了。因此，工人在必要劳动之外，工作得越多，表明其被剥削得越重。

自此，我们终于讨论到了"剥削"这个概念，这也是我们第一次在《资本论》中碰到一个带有明确褒贬色彩的词，一个带有道德含义的概念。

马克思把剩余价值率这个概念又称为"剥削率"，不是单纯地换一个名字，而是为了反映劳资关系中的不合理之处。而这种不合理之处,是我们经过了长篇的分析之后得出来的判断。

在封建社会,一个农奴往往每周都会为自己工作几天,然后再为领主无偿地工作几天。领主凭借着自己的统治权力和暴力机器,占有了农民那几天的无偿劳动,我们称之为剥削。

同样的事情在资本主义社会也发生着,只不过形态更为隐蔽:我们不能直接看出来,劳动者什么时候是在为自己工作,进行必要劳动,什么时候是在为资本家无偿干活,进行剩余劳动;我们也无法直接识别,资本家何时收回了自己支付的可变资本,何时占有了劳动者创造的剩余价值。

但是当我们把资本的增殖过程剖析之后,我们终于可以看出来,劳动者有一部分的劳动是为了自己,而另一部分则是被资本家凭借着资本的力量无偿占有了。因此,在表面上现代先进的自由平等契约之下,劳动者所面临的处境,本质上与封建时代的农奴毫无区别:

劳动者的劳动成果,总要被他人无偿地夺走,或是以权力的名义,或是以资本的名义。

资本家们肯定要抗议了,他们不承认自己对剩余价值的占有是无偿的,而声称剩余价值是资本的回报,或者是对自己劳动的报酬。但是我们在前面也多次反驳了这些观点:资本不创造价值,资本家也不贡献什么劳动。

说到底,资本家仅仅是依靠"所有权",依靠所谓"不可侵犯的私人产权",就抢夺了本应由劳动者所有的剩余价值。

然而,私有制带来了一个奇怪的结论:一个人依靠自己的诡计或者暴力,抢夺他人的财物,我们认为是犯罪;但是一个人什么都不干,仅仅依靠一种名叫"所有权"的权利,就可以抢夺他人的财物,我们却认为是合法收入。

莫不是另一个版本的"窃钩者诛,窃国者侯"?

我们习以为常的私有制,为什么会导致上述的奇怪结论?

剥削为何是残酷的？——工作日

剥削率，还是利润率？

对于大多数人来说，"剥削率"是个相对陌生的概念，而"利润率"是我们更为熟悉的。

所谓利润率，就是剩余价值和全部资本的比例。在棉纱的例子中，资本家在一个工作日中支付了27先令的资本（24先令的不变资本，3先令的可变资本），最后得到了价值30先令的棉纱，剩余价值3先令，利润率就是$3/27 \approx 11.1\%$。

看起来，资本家仅仅是获得了九分之一的利润（11.1%的利润率在现实世界中已经非常高了），但对于劳动者来说，他们在必要劳动之后，又多付出了一倍的劳动无偿交给资本家（100%的剥削率），他们一半的收入就这样被抢走了。

对于资本家来说，他们关心的是自己的资本可以取得多少回报，因而利润率是最重要的参考指标。但是对于劳动者来说，他们不关心资本家一共花了多少资本，这与其无关，而更需要认识到自己为资本家白干了多少活儿，因而更要关注剥削率。利润率的说法掩盖了不变资本和可变资本的区别，进而掩盖了劳动者为资本家无偿劳动的剥削关系。

可以看到，剥削率和利润率是不同的，有可能出现剥削率很高，而利润率却很低的情况。但是剥削率和利润率又是相互联系的。

在各方面条件都不变的情况下，增加剩余价值量的最简单直接的方式，就是增加剥削率了。

而增加剥削率最简单直接的方式，就是增加工作日。劳动者在一天内工作得越多，资本家可以攫取的剩余价值自然也就越多。

因此，马克思紧接着对剥削率的分析，又带我们回顾了劳动者和资本家围绕着工作日的斗争，而这也是我们第一次在《资本论》中面对现实中的阶级斗争。

权利的对抗注定不可避免

不妨先读一下马克思笔下工人的一段控诉:

> 你经常向我宣讲"节俭"和"节制"的福音。好!我愿意像个有理智的、节俭的主人一样,爱惜我唯一的财产——劳动力,不让它有任何荒唐的浪费。我每天只想在它的正常耐力和健康发展所容许的限度内使用它,使它运动,转变为劳动。你无限制地延长工作日,就能在一天内使用掉我三天还恢复不过来的劳动力的量。你在劳动上这样赚得的,正是我在劳动实体上损失的。使用我的劳动力和劫掠我的劳动力完全是两回事。

马克思敏锐地指出了工人与资本家不可调和的矛盾:

> 于是这里出现了二律背反,权利同权利相

对抗，而这两种权利都同样是商品交换规律所承认的。在平等的权利之间，力量就起决定作用。所以，在资本主义生产的历史上，工作日的正常化过程表现为规定工作日界限的斗争，这是全体资本家即资本家阶级和全体工人即工人阶级之间的斗争。

马克思甚至没有去诉诸人性、道德、情感这些虚幻的概念，来说明工人为什么要争取权利——"我这样要求，并不是向你求情，因为在金钱问题上是没有情面可讲的"，而是用资本家信奉的商品交换规律，指出工人诉求的合理之处——"我要求正常的工作日，因为我和任何别的卖者一样，要求得到我的商品的价值。"

进而，不需要诉诸任何外在的意识形态，仅仅是坚持资本主义制度自身的权利关系，那么就必然出现资本家与工人不可避免的阶级斗争，这是资本主义内在的矛盾之一："于是这里出现了二律背反，权利同权利相对抗，而这两种权利都同样是商品交换规律所承认的。"

那么这个对抗的结果取决于什么呢？答案很简单："在平等的权利之间，力量就起决定作用。"

剩余价值率是如何增加的

正如我们刚才在罢工的例子中看到的，资本家对工人争取权利的诉求，可不会真的坚持什么契约精神，像做买卖一样平等协商，而是靠暴力镇压或收买胁迫来解决问题。

而工人能做的，也只有团结，才能与资本的力量抗争。正如我们熟悉的那个口号："团结就是力量！"

当然，历史上的阶级斗争，并不只是资本家和工人的直接对抗这么简单，社会上的矛盾不止这一个。资本主义的国家机器，以及资本家之外的权势阶级，比如地主，都会参与到这场斗争中，并且在不同情况下采取不同的立场。

当工人的血泪史照进现实

两百年前无止尽的工作日

马克思在论述围绕工作日的斗争时，没有太多理论上的构建,而是更多地回顾了历史案例,总结了斗争的规律和经验。

显然,一两百年前发生的事情,到现在依然没有过时。

马克思首先注意到,资本家的贪欲带来了对工作日无休止的延长,而这种残酷的剥削,带来了极为严重的后果:

> 9岁到10岁的孩子,在大清早2、3、4点钟就从肮脏的床上被拉起来,为了勉强糊口,不得不一直干到夜里10、11、12点钟。他们四肢瘦弱,身躯萎缩,神态呆痴,麻木得像石头人一样,使人看一眼都感到不寒而栗……这种制度,正像蒙塔古·瓦尔皮牧师所描写的那样,是无拘无束的奴隶制,是社会、肉体、道德和智力方面的奴隶制……然而,他们买卖黑奴、鞭笞黑奴、贩卖人肉的行为,比起为资本家的利益而制造面纱和硬领的过程中发生的那种慢性杀人的暴行,难道更可恶吗?……如果但丁还在,他会发现,他所想象的最残酷的地

狱也赶不上这种制造业中的情景。

"慢性杀人"和"残酷的地狱"这样的描述,并非是耸人听闻的夸张,而是对当时工人阶级处境的精确描述。这样残酷的剥削带来了非常直接的后果,就是寿命的减少和人口的退化:

> 格林豪医生指出,在特伦特河畔斯托克和在沃尔斯坦顿这两个陶业区,人的寿命特别短……死于胸腔病的陶工在斯托克区占一半以上,在沃尔斯坦顿区约占2/5。在汉利行医的布思罗伊德医生说:"陶工一代比一代矮,一代比一代弱。"

是不是马克思有阶级偏见、故意挑些个例来抹黑资本家呢?并非如此。

如果我们回顾工业革命以来的历史,从长时段来看,随着生产力的发展和科学技术的提升,特别是公共卫生和医学的发展,人们的生活水平和预期寿命在工业革命之后有了飞跃。

但是，这一飞跃不是没有代价的。当上层阶级享受着工业革命带来的成果时，下层工人却承受着社会变革的巨大成本。在马克思所处的时代，工业革命给下层工人带来的，不是生活的改善，而是无尽的苦难。对于绝大多数被迫从农村进入城市工作的工人来说，他们的生活水平和预期寿命都比之前大大降低了。

是的，工人的收入有所提高，但是收入与生活成本挂钩，在城市生活的负担更重，收入的提升并不能改善工人的处境。

与此同时，城市也根本负担不起大量涌入的农村无业人口，提供不了合适的住所，只能让他们挤在卫生条件恶劣的贫民窟中，造成疫病的蔓延。

而在种种恶劣的生存环境之下，工人们还要面临严酷的工作环境，从早到晚从事着有害身心健康的艰苦工作，却得不到足够的休息和食物。

种种因素叠加起来，在马克思所处的时代，工人的预期寿命不增反降。

根据当代学者的统计研究，在1820年，英国各大主要城市的出生预期寿命还有35岁，到了1830年就急剧降到29岁，之后虽有回升，但到1860年也只有34

岁,仍然不及1820年的水平。而一些主要工业城市的状况更是令人触目惊心:比如曼彻斯特,1860年的出生预期寿命仅有29岁;而在状况最为恶劣的利物浦,这一数值甚至只有25岁。

相比较之下,美国黑人奴隶在1850年的出生预期寿命都有36岁,"无拘无束的奴隶制"这样的比喻,真是再贴切不过了。

资本家为什么不用担心雇不到人

如果资本家把工人全都折磨死了,对他们也没好处啊,他们也需要雇用劳动力啊!

资本家之所以可以如此肆无忌惮地剥削,而不用担心雇不到工人,有两个原因:

第一个原因是,市场上总是有过剩的劳动力等待被雇用。他们要么来自农村地区,要么来自更加落后的国家:

> 我们已经听到,过度劳动使伦敦的面包工人不断丧生,可是伦敦的劳动市场总是挤满来

自德国和其他地方的人,等着去面包房送死。

因此:

> 一般说来,经验向资本家表明:过剩人口,即同当前资本增殖的需要相比较的过剩人口,是经常存在的,虽然这些人发育不良、寿命短促、更替迅速、可以说尚未成熟就被摘掉。

第二个原因,则是每一个资本家作为个体的短视和自利:

> 在每次证券投机中,每个人都知道暴风雨总有一天会到来,但是每个人都希望暴风雨在自己发了大财并把钱藏好以后,落到邻人的头上。我死后哪怕洪水滔天!这就是每个资本家和每个资本家国家的口号。因此,资本是根本不关心工人的健康和寿命的,除非社会迫使它去关心。人们为体力和智力的衰退、夭折、过度劳动的折磨而愤愤不平,资本却回答说:既

然这种痛苦会增加我们的快乐（利润），我们又何必为此苦恼呢？

是啊，"我死后哪怕洪水滔天！"

资本家们并不需要考虑后来资本家能不能雇到合适的工人，更不会关心他们死去之后人类的福祉，只要能够攫取眼前的利益就够了。同样的思维，放到现在的资本家身上也同样适用。为了眼前的利润，不管是环境还是公共健康，都不是他们赚钱的阻碍。

资本家们的这种短视和残酷，并非没有原因。

正如马克思指出的："自由竞争使资本主义生产的内在规律作为外在的强制规律对每个资本家起作用。"

"自由竞争"，就是这个被经济学家们奉为金圭玉臬的四个字，抹消了资本家个人可能存在的任何善意。正如我们在之前讨论的，资本主义的市场竞争，归根结底就是资本的竞争，谁能够积累更多的资本谁就有着更多的优势。即便资本家个人想要对劳动者表现出善意，减少对劳动者的剥削，无情的市场将很快对他展示恶意，将利润不够资本不足的善意资本家淘汰出局。

资本家也往往会用这样的说辞绑架劳动者，威胁说只要对劳动者的利益有所让步,就会带来利润的丧失和企业的破产,从而逼迫不愿失业的劳动者放弃诉求。

显然,纯粹的自由竞争是不可能让资本家放弃这种残酷剥削的,即便这种剥削对资本家整体甚至都是有害的。

资本家的眼中,时间就是利润

这个时候,资本主义政府就该出面规范资本家竭泽而渔的行为了。不光是为了资本主义生产的长远发展,更是因为人口健康关系到征兵和军事力量。

这也是基本的西方经济学原理中提到的"市场失灵":自由市场无法解决公共物品(在这个情境下,就是人口的健康)的配置,只能改由政府提供。

为了维持国家的生命力,英国政府最终推出了法律试图规范资本家对工人的剥削:

> 即使撇开一天比一天更带威胁性的高涨着的工人运动不说,也有必要对工厂劳动进行限制,正像有必要用海鸟粪对英国田地施肥一样。

英国的资本家们可考虑不到政府出于长远考虑的一片苦心,而是千方百计地试图规避劳动法的规范。劳动条件的改善依然极为有限,而工作日更是被"零敲碎打"地以各种方式延长:

"看来,靠超过法定时间的过度劳动获得额外利润,对许多工厂主来说是一个难于抗拒的巨大诱惑。他们指望不被发觉,而且心中盘算,即使被发觉了,拿出一笔小小的罚款和诉讼费,也仍然有利可图。""如果额外时间是在一天之内零敲碎打地偷窃来的,那么,视察员要想找出违法的证据就会遇到几乎不可克服的困难。"

资本"零敲碎打地偷窃"工人吃饭时间和休息时间的这种行为,又被工厂视察员叫作"偷占几分钟时间""夺走几分钟时间",工人中间流行的术语,叫作"啃吃饭时间"。在这种气氛中,剩余价值由剩余劳动形成已经不是什么秘密。

"有一位很可敬的工厂主对我说：如果你允许我每天只让工人多干10分钟的话，那你一年就把1000镑放进了我的口袋。"

"时间的原子就是利润的要素。"无论何时，资本家们都看得很明白，时间就是金钱。

资本主义政府的这片苦心，往往也是摇摆不定的。在战争时期，需要工人阶级参军或者保障物资生产的时候，政府往往会愿意对工人让步，但是一旦战争结束，工人不再重要，资本家便又可以肆无忌惮了。上文提到的美国1919年的罢工失败，便是一战结束后美国政府放弃保障工人权益的结果。

通信工具算法下的现代劳动者

当代的资本家对于"零敲碎打"也是毫不陌生，想想那些连上厕所时间都要规定好，超时就要罚款的公司，跟一百多年前的英国工厂并无差别。

不过，被当代科技武装的资本家，在剥削劳动者的时间上，就更加高效了。

大数据和监控设备可以将每个劳动者都纳入系统的算法中，逼迫他们将工作效率提升到极致，把一切剩余时间都榨干。

正如我们在外卖行业中所看到的，每一个骑手都被系统监控着，被算法逼迫着，冒着生命危险提高送餐效率，否则就会面临惩罚。而这里的问题根本不在于消费者是否有耐心等上五分钟，而在于资本对劳动者的绝对控制。公司并不是真的在乎消费者更快地拿到外卖，只是想要更多地榨干员工的时间，从而赚取更多的利润。

更不用说，外卖的消费者，那些坐办公室的职员，他们自己也逃不过被资本家压榨时间的命运。而资本家最有利的武器，就是手机这种现代通信工具。

通信工具最大的作用，就是使得劳动者可以被老板随叫随到。不论是有意还是无意，老板总会以各种"突发状况"作为理由，把劳动者拉回到工作中。不知不觉地，劳动者就在法定劳动时间之外，为资本家贡献了大量无偿劳动时间。

工厂的劳动是很艰苦，但是总归要面对地理和时间的限制，脱离了工厂和工作日，劳动者还是可以暂时喘口气。

而现代人的办公室工作，虽说工作条件好了一些，但是遭受的剥削可是一点不少。弹性工作日之类的理念，看似减少了劳动者的负担，但实质上是让劳动者的时间每时每刻都处于资本家的支配之下。有了现代工具的帮助，劳动者走到天涯海角，都逃不过资本家的掌控。想想自己有多少次在外出旅游的时候还要被迫加班的经历吧。

在表面的灵活自由之下，资本家对劳动者的时间和空间的掌控，并未减少半分。

"996"的历史在不断重演

马克思在《资本论》中提到，当年有一篇新闻，标题叫作"一个人活活累死"。新闻内容是一个著名宫廷时装店的女工玛丽，看似在光鲜亮丽的地方工作，但实际上却在恶劣的环境下终日劳作，靠酒精和咖啡维持精神，最终"活活累死"……而时装店老板则只是关心女工玛丽没有完成的工作，陪审团也拒绝承认过度劳累是玛丽的死因。

一百多年前女工玛丽的悲剧,放到冷战结束之后新自由主义统治的当下世界也毫不违和:某个在高档场所工作的员工,表面上风光亮丽,实际上也不过是来到大城市漂流的异乡人或者非法移民,只能挤在狭窄的出租屋内,忍受着无休止的劳动,靠香烟和酒精维持清醒,最后不幸猝死,而老板的惊讶仅仅在于她死前没有完成自己的工作……

很多曾经发生的事情,在我们当今世界正在重演,只不过是换了种形式。"一个人活活累死",这样的标题在现在也并不耸人听闻,"过劳死"的案例我们早就听得耳朵长茧,见怪不怪了。

耸人听闻的是,现在还有人会大张旗鼓地为劳动者的加班和劳累叫好,认为"996"这样的工作安排是对劳动者的恩惠。

一百多年以前,工人经过无数牺牲才争取到将法定劳动日从12小时降到10小时,最后降到如今的8小时,甚至很多资本家都意识到,稍微放松一些对劳动者的剥削,有利于提高工作效率。没想到一百多年后的今天,我们还可以见到那么多为12小时工作制招魂的人。

资本家的理由当然还是一贯的。他们宣称员工都应该热爱劳动、渴望奋斗,想要早下班的员工都被污名化为胸无大志的懒人。

很多员工也支持延长工作日,理由是他们可以为此挣更多的钱,从而过上好日子。所以我们经常会看到"自愿加班"这种现象的存在。

但又是谁,让我们需要延长工作日、不停加班才能够维持生活呢?勤劳当然是美德,可是我们的勤劳又是为了谁呢?

很多人没有想清楚这一点,甚至某些人已经被资本家的所谓奋斗文化洗脑,把工作跟生活混在了一起,除了工作不知道该干什么,于是只能工作。

这是典型的因果倒置。之所以很多人除了工作之外没有别的生活乐趣,正是因为工作时间太多挤占了本应用于生活的时间。

人之所以为人的时间少了,人成为商品的时间就多了。

这个花招在一百多年前就在《资本论》中被记录下来了:

> 另一个"友好的"花招是使成年男工劳动12—15小时,然后宣布这是无产阶级内心愿望的最好的表达……

你们猜一百多年前的无产阶级们怎么回答?

> 大多数"加班加点的工人"声称:"他们宁愿劳动10小时而少拿些工资,但是他们没有选择的余地;他们有很多人失业,有很多纺纱工人被迫去做零工,如果他们拒绝延长劳动时间,别人马上就会把他们挤走。所以,摆在他们面前的问题是:或者把劳动时间延长一些,或者流落街头。"

不光无产阶级是这样,很多中产阶级如今也面临着类似的选择。他们倒不一定会流落街头,但是一旦放弃加班,他们视若生命的中产阶级生活方式很快就会崩溃。

是啊,一切都是自由理性的选择。但是如果我们只有"或者把劳动时间延长一些,或者流落街头"这样的选择，那么和没有选择又有什么区别？

这就是资本主义的契约精神和自由人权：

他把自己的劳动力卖给资本家时所缔结的契约，可以说像白纸黑字一样表明了他可以自由支配自己。在成交以后却发现：他不是"自由的当事人"，他自由出卖自己劳动力的时间，是他被迫出卖劳动力的时间；实际上，他"只要还有一块肉、一根筋、一滴血可供榨取"，吸血鬼就决不罢休。

我们如何才能抵抗这样的吸血鬼？

我们不能指望资本家的善心，也不能依靠资本主义政府的施舍：

正如马克思所说：

从法律上限制工作日的朴素的大宪章，代替了"不可剥夺的人权"这种冠冕堂皇的条目，这个大宪章"终于明确地规定了，工人出卖的时间何时结束，属于工人自己的时间何时开始"。

07

文明的、精巧的剥削

——相对剩余价值

"实际上，只有资本剥削劳动者的自由，而没有劳动者摆脱资本剥削的自由。"

更隐蔽的剥削——相对剩余价值

在我们这个时代,资本家仍然会通过变相增加工作日的方式来压榨员工,这个世界上也确实有血汗工厂的存在,但是我们也看到,和一百多年前比起来,很多劳动者的劳动负担还是降低了的。

劳动者的工作日是否真正地缩短了,还很难说。

更重要的是,除了表面上通过增加工作日来剥削之外,资本家还有其他更为隐蔽的剥削手段。

工作日的延长是有极限的

以各种方式延长工作日,固然是提高剩余价值量的一种常见手段,但这种手段本身是有内在局限的。

显而易见,工作日是不可能无休止地延长的,而是要面对自然的限制。

即便一个人可以不吃不喝不睡,一天最多也就只有24个小时。在其他条件不变的情况下,工作日的延长必然会碰到这样一个极限。更不用说,人类的正常运作需要休息,否则会极大地降低劳动效率,这也是为什么资本家有时也愿意限制工作日的原因。

如果工作日本身不可再延长,那么最简单的扩大剩余价值量的方法就是增加雇用的劳动者数量。假设其他条件不变,增加人数不影响生产效率,那么多增加一倍的劳动力,也就可以多增加一倍的剩余价值,相当于变相地增加了工作日。

劳动力的供给也是有极限的,要受到一个国家适龄人口数量的制约。当一个社会里面的劳动力大都被满负荷地调动起来时,资本家就不可能仅靠延长工作日或者扩大雇用量来增加剩余价值量。

只要劳动力还没有被充分剥削时,劳动力的供给就不会直接影响资本家的利润。这就是为什么劳动力的市场价格不会随着供给的变动而明显地波动。即便某种工作的劳动力面临暂时的短缺,资本家也可以通过加强对现有工人的剥削来弥补利润。

我们看到很多企业面临用工缺口的时候,第一反应并不是提高工资或者多招人,而是直接让原有员工干更多的活儿。

于是资本家就面临了一个困境:如果该剥削的劳动力都剥削到了,从他们身上没法再榨出更多的剩余价值,那么该如何进一步增加利润呢?

> 一个人如果想要当上资本家,让资本收益大到能够维持其奢侈生活,一开始就必须要拥有足够多的资本,雇用足够多的工人并购买相应的生产资料。在现实生活中,资本的利润率往往比纺纱例子假设的要低得多,而资本家生活所需的成本则要高得多。所以,仅仅雇用几个帮手,自己做点小生意,实际上离资本家还远得很,顶多算是个小业主。如果想要过上资本家的奢侈生活,并且还要有所积累,所需的资本跟开家小店是不在一个数量级上的。

生活成本的降低是无下限的

我们知道,剩余价值率等于剩余价值除以可变资本,同时也就相当于剩余劳动除以必要劳动。

想要扩大这个剩余价值率,最直接的方法,就是增加分子，也就是增加剩余劳动即延长工作日。这样产生的剩余价值，我们叫作绝对剩余价值。

也可以换个思路，当分子的增加已经到极限的时候，可以转而去减少分母，也就是减少必要劳动。这样产生的剩余价值，就叫作相对剩余价值。

打个比方，以前工人的生活需要价值6小时必要劳动的衣食住行，资本家必须要支付这6小时劳动的工资即3先令。但是如果现在工人维持生计的商品变得廉价了，只需要价值4小时的劳动，那么资本家便只需支付2先令的工资。而如果工人总的劳动时间还是不变的话，在工资上减少的1先令就变成了资本家多赚取的剩余价值了。

只要无限地压低工人的生活成本，就可以无限地减少工资，那么自然就可以无限地剥削相对剩余价值。

当然，我们这里说的不是资本家克扣工人应得的工资，让他们无法吃饱穿暖。尽管这种剥削方式在现实中很常见，但和延长工作日一样也是有极限的，因为虐待工人终将会损害工人的劳动能力。

我们要说的，是在不影响工人生活水平的情况下，从实质上降低工人的生活成本。

提升相对剩余价值的手段——生产力

怎样才能降低工人的生活成本呢?

政府可以提供廉价商品

在一些特殊的情况下,国家的政策可以降低工人的生活成本,比如提供廉租房或者进口廉价商品。

19世纪英国的资产阶级联合了工人阶级向政府施压,废除了限制外国谷物进口的《谷物法》,从而降低了食品价格,进而降低了资本家所需要负担的工资。资产阶级争取工人帮助的时候,提出的条件是工资降低之后可以相应减少工人的工作日,但《谷物法》废除之后资本家也并没有遵守承诺,他们不光要抓住低工资所带来的相对剩余价值,原先延长工作日所得的绝对剩余价值也没有放手。

但是国家政策的作用毕竟是有限的，羊毛出在羊身上，最终总要有资本家来生产廉价的商品。国家虽然可以暂时地让某些资本家降价出售自己的商品（比如战时各国都会进行消费品的价格管控），但是这种策略是不能长期维持的，比如资本家会转而生产其他不被限价的商品。那么廉价的商品，只可能来自于生产力的提高。

现代欧美国家推动自由贸易的主力仍然是资产阶级，因为他们可以通过国外廉价的商品（如今主要来自中国）来降低本国工人的生活成本，使得欧美工人即便名义工资长期停滞，但生活水平还能勉强维持。所以欧美资本家一边嚷嚷着中国人抢走工作，一边维持着与中国的贸易往来，嘴上的嚣张并不妨碍决策的诚实。当然，在外包机制成熟之后，欧美资本家可以直接雇用全世界的廉价劳动力，连本国劳动力的生活成本也不用在乎了。

资本家竞相提高生产力赚取利润

资本家有什么动力去提高自己的生产力呢？

动力就来自资本主义内部：市场的竞争，也就是我们常说的"看不见的手"。

资本家们生产廉价商品，并不是为了资产阶级整体的福祉，而是为了自身能在市场竞争中占得先机，夺取利益。

我们来一步步地分析。

首先，假设市场上某个资本家掌握了一种提高生产力的技术：原先1件衣服需要的各项成本是10块钱，而现在1件衣服只需要5块钱。那么资本家会怎么给衣服定价呢？

一件商品的价值取决于其社会必要劳动时间，而非个别劳动时间。即便对于这个资本家来说，这件衣服所需的成本降低了，但是这件衣服可以卖出的价值没有变。那么此时，资本家只要在原先的价格10块钱和新的成本价5块钱之间，寻找一个处于中间的价格（比如8块钱），就既可以靠低价吸引买者将商品顺利出卖，又可以赚取高于成本价的利润。

这种由于个别生产者的生产力高于社会水平所带来的剩余价值，我们就叫作超额剩余价值。这个超额剩余价值的来源和一般的剩余价值并无两样，同样来自于对劳动者的剥削。在极特殊情况下，资本家自己就是个发明家，发明了提高生产力的技术，这时候超额剩余价值也会来自于资本家自身的劳动。但大部分情况下，资本家仅仅是购买了其他人的技术，或者是雇用了手下的员工去研发新技术，他自己并没有为技术创新贡献什么劳动。

这样的超额剩余价值，谁不想赚呢？谁不赚谁吃亏啊。

在市场竞争的压力下，每个资本家都会有动力去提升自身企业的生产力来赚取这些利润。当市场上大部分的资本家全都采用了新技术，整个社会的生产力也就随之提高，那么商品的价值也就相应降低了。此时，商品按照新的低价来出卖，社会价格和个人成本之间的价差消失，超额剩余利润也就不存在了。

这样一来，没有资本家能够永远地享有超额剩余价值，他们总要不断地面临其他人的竞争，也就需要不断地找到新技术来提升自己的生产力,整个社会的技术进步也由此而来。

我们今天在电子产品领域就可以很明显地看到这样的竞争。每隔几个月,就会有厂商推出新的产品新的功能,从而赚取新的利润。但是很快这些新东西就会被其他厂商模仿,在技术趋同的情况下价格战就会随之打响,我们能用上的产品也越来越物美价廉。

某种程度上讲,贸易带来的收益也是一种超额剩余价值。一件商品总是从生产力高的地方卖到生产力低的地方,而随着各地生产力的趋同,这种贸易收益也会消失。比如从前中国会从国外进口各类家电和电子产品,因为中国在制造业上的生产力较低。但随着中国生产力的发展,国外制造业就不再能通过贸易从中国获得这方面的收益了。当然,国家和地区间生产力差异的成因是复杂的,并不像企业间的生产力差异那么容易趋同,因此贸易总是有存在的价值。

追逐相对剩余价值具有历史意义

马克思对于资本主义的态度,并不是单纯的否定,而是从历史唯物主义出发,肯定其贡献,批判其弊端。西方经济学对于资本主义自由竞争的认识还仅限于消费者福利,而马克思早就已经指出,资本主义的历史意义,在于推动社会进步和生产力发展。

正如马克思在《共产党宣言》中评价的:"资产阶级在历史上曾经起过非常革命的作用……资产阶级在它的不到一百年的阶级统治中所创造的生产力,比过去一切时代创造的全部生产力还要多,还要大。"

资本主义有什么好处,马克思看得比现在很多经济学家和资本家都清楚。然而他更看到,资本主义的这些好处背后所付出的代价。

在特定的历史时期,随着生产力的发展,资本主义的优势可以压倒弊端,推动历史的进程。但是马克思论述的重点在于:资本主义仍然只是历史的一个阶段,并非历史的终点。不同的生产力发展阶段对应了不同的社会制度。随着历史发展,资本主义的优势逐渐消退,而其内在弊端却不断增长,资本主义也无法容纳自身所创造的庞大生产力,终将被自己的内在矛盾反噬,为新的历史阶段让位。

为什么要在这里说起历史唯物主义呢?因为相对剩

余价值这个概念，就是历史发展的产物。

绝对剩余价值的剥削，也就是延长工作日，加大劳动强度，不需要任何历史背景。不管是奴隶主还是封建领主还是资本家，都可以单纯依靠压榨劳动力来赚取利润，没有太多技术含量，依靠强制力就够了。

然而一个社会如果光靠这种绝对剩余价值的剥削，是很难进步的。如果大家都满足于现状，那么结果就是少数人坐享其成，而大多数人除了苦力之外毫无出路，最后整个社会就陷入停滞。

当然，我们很少陷入这样的停滞，人类社会总会出现各种各样的技术进步。这个时候，追逐相对剩余价值就有其历史意义了。用马克思的话说：

> 提高劳动生产力来使商品便宜，并通过商品便宜来使工人本身便宜，是资本的内在的冲动和经常的趋势。

正是因为资本主义这种内在推动力，技术上的进步才会得到广泛应用，从而转化为整个社会的生产力提升。

因此，当我们讨论资本家是如何进行相对剩余价值的剥削时，实际上就是要讨论生产力是如何发展的，人类的生产方式都经历了怎样的演变。

从简单到复杂，从低级到高级，我们可以把生产方式分为协作、分工式的工场手工业，还有机器化大生产。

协　作

人多自然力量大

协作，是一种最基本的生产方式。当我们把一群人聚集到一起，有计划地协同劳动时，协作就出现了。

协作有着很多显而易见的好处：

首先，协作可以突破时间和空间的限制。我们很容易就会想到，作物的收成，或者基础设施的修建，这些时间紧迫或者规模庞大的劳动，只有集体劳动才能完成。

其次,协作可以产生规模效应。当多人同时在一地劳动时,他们可以共享生产所需的工具和设施,从而节约劳动的成本和时间。

同时,协作也可以平均劳动者的水平。单个劳动者的效率往往是参差不齐的,但是当大量劳动者聚集到一起工作时,从概率的角度,他们总的生产效率就会是社会平均水平了。

最后,协作本身也满足了人的社会属性。在协作中,人与人之间可以相互帮助和交流,往往比单打独斗、闭门造车要强得多。

说白了,协作的好处就是"人多力量大"。大家想象一下丰收时节,无数农民下地劳动的场景,就可以理解了。

虽然无论古今,劳动者都会通过协作来进行生产活动,但是在现代的资本主义生产中,协作又有着特殊的地位和作用:

想要成为资本家,必定要雇用大量工人,才能够生产足够的剩余价值用于资本家的消费和资本的增殖。

较多的工人在同一时间、同一空间（或者说同一劳动场所），为了生产同种商品，在同一资本家的指挥下工作，这在历史上和逻辑上都是资本主义生产的起点。

资本主义的大规模协作

尽管在古代，劳动者们也经常会被集中起来进行公共建设，但是大规模协作成为一种社会主流的生产方式，还是资本主义兴起之后的事情。

在古代，无论是农民还是工匠，往往都是在自己的一亩三分地里面独自耕种或者劳作，偶尔会有亲朋的帮忙，但劳动时仍是独立的个体。但是在现代社会，绝大部分劳动都是在工厂或者公司内由多人共同完成的。很难想象现在要找一个不需要工友和同事的工作，到底有多难。

生产方式的改变同时也带来生产关系的改变。在古代，除了作为奴隶，或者是征入徭役，大部分劳动者不会面临直接的监管。即便农民还要统一上交赋税，但都是在劳动结束之后征收，不会有监工直接看着地里的农民干活。

但是当资本主义时代要求进行大规模协作之后,对劳动过程直接进行监督就变得有必要了。这不光是因为协作这种方式本身就需要调度和指挥,更是因为劳动者与资本家在劳动过程中发生了直接的对立。

当劳动者为自己工作时,没有人需要担心他们的工作效率。但是当劳动者被资本家雇用、出卖自己的劳动力时,他们在工作中就失去了对自身的支配,成为资本家赚取利润的工具。资本家想要尽可能地剥削劳动者,而劳动者要尽可能地保存自己的劳动力。劳动者有充分的动机消极怠工或者直接反抗资本家,而资本家也有充分的动机要压制劳动者的自主权。就好像在古代,虽然农民不会被直接监督,但是奴隶要一直置于监工的管束之下,以防止其偷懒和叛乱。

于是,一方面为了指挥和协调劳动,从而提高生产力;另一方面为了监督和约束劳动者,从而加强资本的剥削,资本主义的协作劳动就导向一个必然的结果:"资本主义的管理就其形式来说是专制的。"

这种专制,有的时候明显地表现在监工的鞭子和棍棒上,而有的时候则隐蔽地潜藏在公司的规章和奖惩制度中。重点不在于手段上是否使用了强制力,而在于结果上劳动者是否从属于公司和资本。

有人可能会说了,我们公司的氛围非常好啊,大家平等和睦,哪里有专制了?

有多少公司允许劳动者以一个平等独立自由的个体参与工作?有多少公司允许劳动者违背上级的命令?有多少公司允许劳动者参与公司决策?有多少公司允许劳动者自行决定自己的工作时间、工作地点、工作方式、工作内容?

于是我们就看到这样奇怪的现象:一方面,资本主义社会以自由的名义,把劳动者从封建束缚中解放出

> 西方经济学对于企业的专制性质认识得非常晚,大部分经济学家一直都视企业为一个黑箱,从不探究企业内部的运营,而只探讨企业在市场上的自由竞争。直到几十年前才有学者意识到,企业内部的命令、计划与合作,同样是资源配置的一种有效手段。很多庞大的企业无论是从人员还是从占地面积上看,都与一个小城镇无异。那么我们可能拥有一个没有市场,如同企业一般运转的小镇吗?一个城市甚至一个国家是否都可以如此运转呢?

来；另一方面，劳动者在工作中却失去了自由，时时刻刻面临着资本家的专制。一方面，资本主义宣称自由市场是最佳的资源配置手段；另一方面，自由市场的主体——企业，其内部却既没有自由也没有市场。

分　工

分工能够提升工作质量

当然，协作中所面临的专制只是第一步，随着生产方式的发展，劳动者失去的将不仅仅是自由。

最基本的协作仅仅是把劳动者们聚集在一起，并没有改变劳动者的工作内容。劳动者单独工作的时候什么样，协作的时候还是什么样，只不过是需要和其他人共同劳动罢了。一个人是种地，一群人也是种地。

但这并不是最有效率的生产方式。很多时候，如果把一个劳动过程分解为不同的步骤，每个人只负责其中一步，整体的工作效率就会比所有人都做一件事要高很多。

这在西方经济学里面叫作"比较优势"。

每个人都有相对擅长的和相对不擅长的事物。如果让一个人只负责做自己擅长的部分，自己不擅长的部分交给另外的人来负责，那么大家分工合作的生产效率，就会比所有人都做一件事要高得多。

西方经济学也是用同样的理论来解释为什么会有贸易，只不过是把个人换成了国家。

"比较优势"的解释当然是分工出现的原因之一，但并非全部。

即便所有人都是一模一样的，没有个体差异，没有谁比谁更擅长什么，人类社会依然会有分工。

分工带来的最大优势，并非每个人物尽其用，而是工作的标准化和专业化。

一个人如果要从头到尾生产一件商品，不光需要相当多的技能和训练，也很难保证最终产品的稳定质量。比如，我们想要蒸一锅馒头还要从种麦子做起是什么体验？

相比之下，如果每个劳动者只专注于一个步骤，不光所需的技能要简单很多,也可以在重复工作中完善和提升工作质量。

生产一只手表需要多少局部工人

随着分工的发展,人类社会中逐渐出现了工场手工业。

起初,工场手工业的分工还是相对粗糙的,比如我们要生产一辆马车,就会召集各个独立的工匠共同劳动,马车匠负责制作车体,玻璃工负责安装玻璃,油漆匠负责给马车上色……虽然马车的制作被分解为各个步骤,但是每个劳动者的劳动还是相对独立完整的。就好像为了做菜,有人负责种菜,有人负责运输,有人负责采购,有人负责掌勺。

但是随着分工的细化,就出现了新的趋势。

分工从不同职业的合作变成了一种流水线式的生产。如果要生产一辆马车,不再有人负责制作整个车体,而是将车体再拆分为各个零部件,每个人只生产一种部件,只负责做一件事情。就好像在做菜的时候,掌勺的人也不再负责所有的做菜步骤,只负责颠勺,洗菜有专门的人，切菜有专门的人，给锅点火倒油也有专门的人……

在资本主义工厂出现之前的这种工场手工业分工可以细化到什么程度呢？我们来听马克思念个贯口好了：

> 钟表从纽伦堡手工业者的个人制品，转化为无数局部工人的社会产品。这些局部工人是：毛坯工、发条工、字盘工、游丝工、钻石工、棘轮掣子工、指针工、表壳工、螺丝工、镀金工，此外还有许多小类，……摆轮工、快慢装置工（调节钟表快慢的装置）、擒纵调速器安装工，……雕刻工、雕镂工、表壳抛光工以及其他工人，最后是装配全表并使其行走的装配工。

这么多的工序，这么多的参与者，如何协调就是一件非常重要的事情。前一道工序的产品想要在时间和数量上无缝地对接到下一道工序上，需要相当精密的计划和安排。

这也是为什么资本的"专制"对于促进分工协作时的生产效率是十分必要的。指望着自由市场来协调也不是完全不可能,但是与其在市场交易中耗费时间精力,不如直接统筹安排来得方便。

于是,分工越是细化,劳动者就越需要服从于资本的指挥,失去自己的独立意志。但劳动者失去的又何止是独立意志呢?

> 西方经济学对于企业内部采取"专制"而非"市场"机制的解释在于交易成本。即便是最自由的市场,进行交易也是要付出各种时间和精力的。在现代制造业中同样适用,虽然一件商品往往是由不同厂商的产品组装而成的,但是企业在发展壮大之后,不希望自己的产品受制于人,往往兼并供应商而非继续购买产品,从而更好地保障自身产品的生产。美国芯片断供对中国厂商的威胁就是一个很明显的例子。

从专业化发展到"半白痴"

所谓分工的专业化,体现在劳动者个人身上,就是畸形化。当一个人日复一日地只能从事同一种极为单一的工作时,他就没有时间和精力发展自己的能力和爱好。因为资本并不需要一个全面发展的个体,只需要一

个能够完成特定工作的零部件,所以最受资本欢迎的并非所谓的高素质人才,而是如同机械一般顺从无知的劳动者:

> 无知是迷信之母,也是工业之母。思索和想象会产生错误,但是手足活动的习惯既不靠思索,也不靠想象。因此,在最少用脑筋的地方,工场手工业也就最繁荣,所以,可以把工场看成一部机器,而人是机器的各个部分。

马克思谈到了几百年前工场手工业更愿意使用"半白痴"来从事劳动的事情,但是各位翻翻今天的新闻,看看世界各地有多少资本家在强迫智力残疾人士从事繁重劳动,就会明白"无知是工业之母"是怎样亘古不变的真理了。

在这样的劳动环境下,即便劳动者自身并非无知之人,也会逐渐被培养成无知者了。甚至连自由市场的奠基人亚当·斯密都不得不承认:"大多数人的智力,必然由他们的日常活动发展起来。终生从事少数简单操作的人……没有机会运用自己的智力……他的迟钝和无知就达到无以复加的地步。"

不要以为这样的事情只会发生在蓝领工人身上,分工带来的危害并不会局限在体力劳动上。即便是坐办公室的白领,也大都是终日从事同一种工作、训练同一种技能。在繁重工作之后即便还有闲暇,也多是用于娱乐或与工作相关的事务。于是大家在工作和生活中根本不需要全面运用自身的智力,也不会增长其他领域的见识。在本职工作上的敏锐与博学,只会换来在其他领域的迟钝和无知。

这是夸张吗?一点也不会。

别说普通白领了,就是以学识著称的学者们,在学科专业化的当下,一旦离开了自己专精的领域,也往往笨手笨脚。相信大家经常会看见博士被欺骗,或者专家相信伪科学的消息。很多时候真的不怨他们自身无知,而是隔行如隔山,专业化的工作妨碍了这些人的眼界,总有一款骗术可以戳到他们的盲点。

所以邪教、阴谋论、伪科学仍然在世上大行其道,就因为绝大多数人,无论学历高低,都不具备全面的学识和严谨的思维与愚昧对抗。而他们之所以不具备这些素质,是因为工作和生活中不需要,甚至排斥他们拥有这些素质。

> 总体工人从而资本在社会生产力上的富有,是以工人在个人生产力上的贫乏为条件的。

马克思对工场手工业做的这个结论,在当下社会依然是适用的。

分工导致阶级内部的分化

我们很多人之所以会产生错觉,认为畸形发展的只是体力工人而非脑力劳动者,这也是分工带来的另一个后果:阶级内部的分化。

任何一个生产过程都有简单和复杂之分,都需要不同水平的技能和教育。当劳动者需要参与全部的生产过程时,这些区分是无关紧要的。但是当劳动者被分化为局部工人的时候,他们就被固定在某一个生产过程中,生产过程的差异就变成了劳动者之间的差异。

除了分工本身带来的畸形发展之外,从事简单劳动的工人和从事复杂劳动的工人之间必然具有工资上的差距（差距来自于教育和训练的成本），而工资上的差距在社会上就必然带来消费水平的分化，而这种分化最后又会固化为不同的阶层。

我们很容易地就可以看到，即便同为劳动者，拿着几万元月薪的白领也往往不愿意跟拿着几千元月薪的蓝领有任何社会交集，而是选择千方百计地隔离、排斥、鄙视比自己贫穷的劳动者。很多中产阶级嘴上说着同情弱者和穷人，心里却仍然把人分为三六九等，在关系到切身利益的时候就会毫不犹豫地牺牲掉所谓的低端人口。

但是从刚才的分析中我们可以看到，并不是人们本身有不同的等级，才从事不同的工作，而是因为劳动者被指派了不同的工作，才导致了劳动者内部有不同的等级。从事低工资的劳动者往往并不是天生愚钝、懒惰、低人一等，而是因为他们由于种种原因只能从事简单的工作（主要原因往往是贫穷而无法得到教育），从而无法提升自身能力。

反过来，从事所谓高级工作的劳动者，包括从事管理工作的资本家，在自身职业之外，也并没有什么高人一等的本事。

所以中产阶级真正要做的不是高高在上的同情，而

分工,从专业化到畸形化

——每个人都在做烤鱼,但没有人真的会做烤鱼

是感同身受的阶级认同，是意识到自己跟无产阶级没有任何高低贵贱之分，都是被资本剥削的对象，无产阶级只不过是自己的另一种可能性。

分化使劳动者无法团结起来

事实证明，给所谓的体力工人足够的训练和教育，他们也完全可以从事任何复杂高端的工作。马克思就在《资本论》中记录了很多工人接管工厂并顺利运营的例子。更不用说，在社会主义运动的历史中涌现出了众多普通工人和农民出身的革命家与领导人，底层劳动者的身份并不妨碍他们担任重要职务。

当然，这并不是资本家想要让大家看到的结论：如果任何劳动者都能干资本家的活儿，那要资本家干什么呢？那社会上的这些等级又是为了什么呢？

所以马克思写下《资本论》，就是为了唤醒劳动者的阶级意识。劳动者的最大力量在于团结，但是等级的分化让劳动者们无法团结起来。

我们且不说脑力劳动者和体力劳动者的分化，就是在体力劳动者内部，长工和短工，熟练工和非熟练工，本地工人和外地工人……也全都存在着分化。如果再考虑到本就存在的宗教、种族、国家间的矛盾，就可以想象要把全世界无产者联合起来有多难了。

如果现在去问一个欧美工人他的敌人是谁，八成不会回答资本家，而是他以为要来抢工作的移民工人。

现在我们知道了，所有这些劳动者内部的等级和分化，都不过是人为造成的。资本主义社会表面上标榜着人生而平等，却在实践中把一个个生而平等的个人造就成为不平等的劳动者，并且宣称这些不平等是自由的结果。即便实际上，只有资本剥削劳动者的自由，而没有劳动者摆脱资本剥削的自由。

所以我们当然要承认分工的工场手工业的发展，带来了生产力的提升，推动了人类社会的进步；但也必须看到，这一切对劳动者造成的不幸。

就像马克思总结的那样：

> 一方面，它表现为社会的经济形成过程中的历史进步和必要的发展因素，另一方面，它表现为文明的和精巧的剥削手段。

08

"社畜"的诞生史

——机器和大工业

"21世纪的社畜只不过是从工厂搬到了格子间,但是受到的待遇跟百年前的流水线工人并无本质区别。"

机器大工业对社会意味着什么

"工具机"的诞生使工人成为配角

工场手工业还不是资本主义生产的最终形态。随着技术和生产力的发展进步,机器和大工业开始走上历史的舞台。

什么是机器和大工业?马克思在《资本论》中细致地回顾了工业革命的整段历史,我们可以讨论一下,工业革命的新技术,给社会和劳动者带来了什么。

首先的一个问题是,工业革命之后的机械化大生产,究竟跟之前历史上的生产技术有什么不同。

如果单从技术上看,"机器"并不是工业革命才有的。从古至今,从水车到磨坊,人类早就发明了无数机器帮助自己生产。但是为什么直到英国工业革命,才真正有了机器和大工业?

很多人认为工业革命的起点是蒸汽机,是从人们找到了新的动力来源开始的。但是马克思并不是很认同这种观点:如果按照这种说法,人们长久以来使用的畜力、水力、风力等又算什么呢?

马克思认为,工业革命的关键在于是否发展出了"工具机":

> 工具机是这样一种机构,它在取得适当的运动后,用自己的工具来完成过去工人用类似的工具所完成的那些操作。至于动力是来自人还是本身又来自另一台机器,这并不改变问题的实质。在真正的工具从人那里转移到机构上以后,机器就代替了单纯的工具。

所以,真正的重点在于机器在生产过程中所扮演的角色。

在工业革命之前的绝大部分机械,不管多么精密,都只是工具,用来辅助工人完成劳动,不能突破工人本身的自然条件限制。但是工业革命孕育的机器,是劳动过程的主角,工人只是用来辅助和维护机器的运转的存在，机器的生产完全突破工人自身的自然条件限制。

打个比方，在工业革命之前的纺纱机器，无论多么精密，都必须由工人自己来完成纺纱过程，需要用手来真正操作纱锭，没有三头六臂的工人不可能同时操作多个纱锭。但是在工业革命时期诞生的珍妮纺纱机，直接替代了纺纱的人工过程，工人并不需要实际操作每个纱锭，而只是为纺纱提供动力，因而可以同时处理十几个纱锭，从而极大地提升工作效率，突破人类的极限。因此：

> 17世纪末工场手工业时期发明的、一直存在到18世纪80年代初的那种蒸汽机本身，并没有引起工业革命。相反地，正是工具机的创造才使蒸汽机的革命成为必要。

人工智能从辅助到取代人类劳动

我们也可以按照这个思路来看待当前的技术变革。如果说一个技术的发展仅仅是改善现有的工具，辅助现有的劳动,那么就不会带来生产力的变革。反过来说,如果一个技术的发展可以取代原先人类从事的同样的劳动,那么变革才算有可能发生。

这就是为什么很多人对现在的人工智能技术既充满热情又抱有警惕,就是因为人工智能技术即便还很不完善,但是其当前技术发展的方向不再是辅助人类劳动,而是取代人类劳动。

就拿人工智能驾驶来说,以前就有各种智能技术辅助人类如何驾驶车辆,但是并不会直接操纵车辆。而现在的人工智能技术,则是直接代替人类驾驶车辆,相关的工作人员只是辅助和监控人工智能。同样的事情也发生在其他领域,人类劳动者的主体地位逐渐被人工智能和机器人所挑战,正如当年的纺纱工人被珍妮纺纱机挑战一样。

按照这样的趋势发展下去,我们在有生之年很可能会见证另外一场工业革命的到来。

这场未来的工业革命会怎样发展,我们很难未卜先知。以史为鉴,我们可以先随马克思来看一看历史上的工业革命给社会带来了什么。

机器取代劳动是逐步实现的

显而易见，工业革命带动了整个社会生产力的发展。机器带来的影响，从单个产业辐射到多个上下游产业，最终改变了整个社会的经济版图。

纺纱机的出现，意味着其上下游的棉花采集、织布、染色等产业也必须进行生产力的革命，才能适应突然倍增的棉纱产量。

而纺织业带动起来的各工业部门的革命，又使得旧的交通运输方式不能满足需求，于是新的运输方式和基础设施如雨后春笋般涌现出来，以适应机器大工业的生产方式。

所以马克思才会在《共产党宣言》里感叹：自然力的征服，机器的采用，化学在工业和农业中的应用，轮船的行驶，铁路的通行，电报的使用，整个大陆的开垦，河川的通航，仿佛用法术从地下呼唤出来的大量人口——过去哪一个世纪料想到在社会劳动里蕴藏有这样的生产力呢？

机器与廉价工人的竞争一刻也未停止

资本家并不是为了改善社会生产力才采用机器的，他们采用机器只是为了提高自身的利润。只有当资本家使用机器的花费比使用工人的工资要低时，他们才会采用机器。所以工业革命和机器应用的进度，在各个行业和国家都是不一样的。比如19世纪美国发明了碎石机，却并没有在英国得到应用，就是因为英国当时有大量廉价劳动力，几乎无偿地在从事矿山劳动。

同样的事情也发生在当下。虽然很多国家都想要进行工业化和现代化，进行产业的升级换代，但是只要旧的生产方式和人力成本仍然有利可图，变革和升级就很难发生。所以国家力量如果想要推动技术的进步，除了直接补贴技术之外，强制提高劳动力价值也是另一种手段。比如马克思就提到过，直到英国的法律强制禁止煤矿使用童工和女工后，英国资本家们才开始在煤矿中使用机器。

当然，如果想要不被机器取代，劳动者最容易做的事情就是自降身价。这也是为什么从古到今都会有工人抵制技术的进步，并不是因为他们守旧，而是因为在资本控制下技术的进步只会削弱工人的地位。资本家总是可以用机器取代工人相威胁，迫使工人接受对自己不利的条件。

总有一天，机器的应用会廉价到工人无论如何自降身价都无法与其竞争的地步，到那时，大量工人从一个产业失业，要么直接饿死，要么涌入其他产业，从而压低别处工人的工资。

这也是为什么我们之前提到，英国没有使用美国发明的碎石机，不光是因为美国人口相对稀少，劳动力价值更高，更是因为英国工业革命之后机器的应用导致了大量的工人失业，而这些失业工人愿意接受任何工资任何工作，只为了有口饭吃。

不过这里有一个问题：

为什么一个产业的工人失业之后，可以很快转移到另一个产业呢？

工场手工业工人不会轻易转行

在工场手工业时代,每个人都有明确的分工,都只会专精一种技能。虽然每个人所分配到的工作都相对简单,但工作质量的好坏,仍然取决于工人本身的技能和素质。即便工人只是制作一根弹簧,也需要付出相应的时间和努力来磨练技艺。因此,这种分工使得不同职业的工人之间很难相互流通,做了一辈子弹簧的人必然很难再转行去做木工。

所以,一方面,劳动者被分工固定下来之后,就很难被其他人替代(但会被同行替代),面临的竞争相对较小;但另一方面,一旦这些劳动者的职业不再适应时代,那么无法转行的他们就会面临毁灭性的打击。工业革命时期被机器取代的手工业者,最后面临的往往就是失业然后饿死,而殖民地手工业者的命运尤其悲惨。

工场手工业时代的特点在现代很多职业中仍然被保留了下来。越是需要专门技能和证件的职业,门槛越高,就越像铁饭碗,但也越容易在时代变化中陷入不利地位。

学术界就是如此,几百年过去了,学术界培养人才的方式跟手工业时代一样,都是导师带学徒,慢工出细活,领域要专,时间要长。也难怪外界总会编排段子调侃博士们,学术界就是很容易跟社会脱节。

但是在机器大工业时代,人不再是劳动的主体,不是人指挥机器劳动,而是机器指挥人。工作质量的好坏,本质上取决于机器而非劳动者,劳动者只是为了辅助机器而存在的。这样一来,对劳动者的技能要求就被降到最低了。

以前劳动者还需要长时间的培训和经验才能进行工场手工业的分工,但现在,劳动者可能只需要机械地重复某个动作,比如拉动某个扳手或者安放某个部件,只需要相对简单的培训和教育即可完成。

机器大工业让职业流动起来

机器大工业时代打破了行业之间的壁垒。在工场手工业时代,每一个行当都需要专门的经验和技巧,导致生产方式趋于保守,人们不愿意更新自己的方式,也不愿意让别人碰触自己的垄断地位:

> 只有经验丰富的内行才能洞悉其中的奥妙。这层帷幕在人们面前掩盖他们自己的社会生产过程，使各种自然形成的分门别类的生产部门彼此成为哑谜，甚至对每个部门的内行都成为哑谜。

我们现在还能看见一些这样的行当，靠所谓的秘方和工匠精神来维持自己对这一行业的垄断。保健品和食品行业更是这种垄断的重灾区，很多所谓的古法和纯天然，背后其实毫无科学道理（比如你的身体可分辨不出来吃下去的维生素是提取自天然食品还是人工合成的），最后无非都是些收取智商税的手段罢了。

但是到了机器大工业时代，机器可不管你有什么秘方绝技，统统都要按照科学方式来分析和解构，也就是透过现象看本质：

> 大工业的原则是，首先不管人的手怎样，把每一个生产过程本身分解成各个构成要素，从而创立了工艺学这门完全现代的科学。社会生产过程的五光十色的、似无联系的和已经固

定化的形态，分解成为自然科学的自觉按计划的和为取得预期有用效果而系统分类的应用。

因此机器大工业本质上是革命的。没有什么职业和技巧是"祖宗之法不可变"，只要可以提高生产力，一切陈腐的旧事物都可以被淘汰。

> 大工业的本性决定了劳动的变换、职能的更动和工人的全面流动性。

对于工人来说，这就意味着他们从原有的固化分工中被"解放"了出来。虽然机器简化了工人的劳动，减少了工人在某项职业中所需的专业技能，但是却增加了对工人知识面和理解力的要求。虽然工人不再需要把一门工具练到精通，但却必须要粗通很多种机器。

为了适应劳动条件的不断变动，适应职业的不断转换，工人必须变成任何职业都可从事的"全面发展的个人"，而非原先只从事某种职业的"局部个人"。因此，为了培养工人的综合素质，面向工人和普通大众的教育也在工业革命时期发展了起来。

这是机器大工业带来的积极的一面，影响至今。现如今，对于大多数职业来说，专业技能虽然重要，但是逻辑思维能力和语言表达能力，以及对各学科的基本知识的掌握，这些所有职业共通的素质，更是不可或缺的。

很多我们几年前熟悉的工作方式，如今已经过时了，很多我们今天所熟悉的职业，过了几年可能就会不复存在。现在我们大部分人都要先接受综合教育，再自由选择职业，而不是从小就被扔进某个行业当一辈子学徒，这就是工业革命带来的改变。

从这种角度来看，所学专业跟所找职业不对口，也是时代进步和自由选择的体现。

机器大工业给劳动者带来了什么

机器让更多的人失业

劳动者虽然可以自由地选择职业，但这积极的一面背后有着消极的后果。机器大工业带来的生产革命，不断地摧毁着旧的生产方式，也就意味着，工人们不断地失去工作，失去生活的安宁和保障。被机器替代的工人，丧失了自己劳动力的使用价值，就好像"停止流通的纸币"，成了"过剩的人口"。

从历史上看，技术的进步总是会带来大批工人的失业。虽然说新的技术总会带来新的产业从而吸纳就业，但是适应新的产业总是有成本的，新的产业也往往不能容纳全部失业者。因此对于大多数普通工人来说，失业的痛苦是难以弥补的。

对全社会来说，这也是第三产业扩张的时候。生产力的扩张为资产阶级提供更多的剩余价值，而为了消费这些剩余价值，就需要更多劳动力从事服务业，而无法在工厂就业的工人就只能流向服务业。比如英国的工业革命之后，从事仆役行业的劳动力就急剧增多。

现在也一样，越来越多的欧美工人在产业转型中失业，只好去做些不需要太多训练的活儿，比如开网约车或者在餐厅打杂。但是这些服务业工作薪酬又低又不稳定，工作环境也不比工厂好，只是无可奈何的选择罢了。

当然，能开上网约车的已经算混得不错了。如果你去美国"锈带"地区（以制造业为经济支柱的美国东北部大工业城市，如底特律等），看到那些因为工厂倒闭而完全没落的小镇，看到没有固定工作只能混吃等死的失业工人，就能够理解产业升级和就业的关系了。

如果有的选，谁愿意整天为工作奔波，而不去找个铁饭碗呢？虽说工人从工场的束缚中解放了出来，获得了选择职业的自由，但是这个自由选择对他们来说，无非是自由选择受苦的方式罢了。

为什么只是自由选择受苦的方式呢？因为机器极大地削弱了工人的地位，使工人对资本家的依赖达到了极致，只能任人摆布。

工人越来越"不值钱"

首先，工人变得极易被替代了。从前的手工业者无论做的工种多单一，都是靠自己的手艺吃饭，资本家如果找不到干活更好的，就很难替换他们。但是机器大工业时代的劳动更加单一，更不需要技巧和训练，谁上都行，资本家自然可以随便替换掉不服从的工人。

现在也是一样。无论是流水线上的工人还是坐办公室的白领,本质上资本家都在尽可能地缩小每个员工的业务范围,所以才会分出那么多细碎的职位。初入职场的人可能会觉得自己的工作多么丰富多么高端,做久了之后才会发现,自己翻来覆去其实都是在做一件事。

对于资本家来说,与其雇一个人同时负责两件事,不如雇两个更廉价的人每人负责一件事。这可不是为了减轻员工负担,而是因为每个人负责的事情越少,需要的训练和教育也越少,劳动力价值越低,就越容易被替代,踢走谁都不影响业务。所以从这种角度看,负责的活儿又多又杂也不一定是件坏事,至少没那么容易被炒。

更多的劳动力涌来替代在岗者

正如我们刚才说的,机器的使用会不断地创造失业工人。一开始是那些被机器大工业时代所取代的手工业者和农民,后来则是被新机器新行业所替代的旧工人。没有这些剩余失业人口,资本家就无法用低廉的价格购买劳动力,也无法随心所欲地扩大生产。

这些庞大的剩余人口，是资本主义生产带来的必然结果，也是资本主义剥削所需要的必然条件。

这世上比被剥削更不幸的，就是连被剥削的机会都没有。

所以即便工业革命时期的工作条件极为恶劣，仍然有成千上万的人挤着去送死。劳累至死固然可怕，但是比起直接饿死毫无生路，还是要好一些。

可替代的工人不光来自于失业工人，也来自于工人的家庭成员。在机器生产之前，很多工作对力量和耐力都有要求，所以只有男性可以从事。但机器减轻了对工人身体素质的要求，因此工人的妻子儿女现在也都可以从事大部分工业劳动，甚至因为他们比男性更加温顺软弱而更受到资本家的欢迎。

妇女儿童参与工作不光扩大了劳动人口的供给，更是极大地降低了劳动力的价值。当家庭里只有男性从事劳动时，他一个人需要养活全家人，因此劳动力价值也要包括家人的生活成本。但是如果一家老小都参与了劳动，那么每个人的劳动力价值只包括自己的生活成本，单个工人的工资就可以压得更低了。

这也并非全是坏事。当妇女也拥有自己的收入，取得经济独立之后，她们在家庭中的权利就会增加，而当妇女也在为国家和社会贡献更多力量时，她们在社会中的地位也会上升。经济上的平等是社会平等与政治平等的基础，欧美的女权运动就是在机器大工业时代才真正开始取得进展的。

妇女的劳动参与率越高，女性就越容易争取自己的平等权利。特别是在战争时期，劳动力紧缺，女性的贡献就显得尤为重要，国家和社会也就更愿意迫于压力做出让步。反过来说，当战争结束，职业女性不再重要，广大妇女又要回归到相夫教子的生活，女权运动也会迎来低潮。

"妇女能顶半边天"这样的理想不是仅凭思想和言辞就能实现的，归根结底要取决于女性自身的力量。而在当今社会，经济力量是一切力量的源头。安心当个家庭主妇靠别人养的念头，即便出自某些女性的自愿，从历史和逻辑上看，也只会进一步强化男性对女性的束缚。

效率越高，被分配的活儿越多

机器大工业极大地提高了工人的劳动强度。你可能会觉得这很矛盾：机器明明提升了效率，简化了劳动，为什么反而会提高劳动强度呢？理解这一矛盾之处，是我们认识技术进步的关键。

相信很多人都曾经设想过，如果有机器可以帮忙干活，自己的日子就会滋润很多。可是这个梦想很少实现。科学发展了那么多年，无数的机器被发明了出来，我们要干的活儿却一点儿没少。这是为什么呢？

其实改善生活的机器肯定是有的，比如洗衣机、吸尘器之类的家电，提升了做家务的效率，确实减轻了我们的负担。但是对于家政服务人员来说，洗衣机和吸尘器会减轻他们的工作量吗？不会，因为他们在干活儿变快了之后，只会被分配去干更多的活儿。

如果我们是为自己做家务，那么家务做完了就是完了。从前八个小时干完的活儿，现在依靠机器四个小时干完，那么省下来的四个小时就归自己了。可是，如果我们是为资本家做家务，就算四个小时干完了从前八个小时的活儿，我们也必须得干满八小时，无论省下多少时间，都是要为资本家生产剩余价值的。

我们干活的效率越高，就会被剥削得越严重。

资本家因为拥有机器而成为"主人"

归根结底,机器对工人命运的影响,取决于机器的所有权。如果机器属于工人,那么机器提供的便利也都属于工人。反之,如果机器属于资本家,那么机器提供的便利也就与工人无缘了。

但是我们知道,机器的使用是需要资本的,越是先进的机器就越是昂贵,越是不可能掌握在贫穷的工人手中。

在工场手工业时代,工人还有机会掌握自己的工具,为自己生产些什么。但是到了机器大工业时代,工人根本买不起生产资料,离开了资本家和工厂就什么都不是,只能成为庞大工厂的一个小部件,任凭资本家发落了。因此,工人的个体劳动就会变得极为渺小了:

> 变得空虚了的单个机器工人的局部技巧,在科学面前,在巨大的自然力面前,在社会的群众性劳动面前,作为微不足道的附属品而消失了;科学、巨大的自然力、社会的群众性劳

动都体现在机器体系中,并同机器体系一道构成"主人"的权力。

资本家也就在此时,真正成为了劳动者的主人,把他们的命运攥在自己的手心。

当资本家借助机器的所有权而掌控劳动者时,机器的一切先进和便利,都会反过来变成劳动者的梦魇。

从前是工人指挥自己的工具,人指挥物,但机器的出现把这一切都颠倒了,变成了工人服侍机器,物指挥人。从前劳动者还可以按照自己工作的节奏来安排劳动,现在则是要顺应着机器的节奏而强迫自己无休止地劳动。任何简单的动作在高密度地重复千万遍之后都会变成痛苦。在这种情况下,劳动者所做的事情看似是简化,但是并不代表劳动者的总负担被减轻了。

所以马克思这样评论机器大工业时代的劳动:

> 在这种永无止境的苦役中,反复不断地完成同一个机械过程;这种苦役单调得令人丧气,就像息息法斯的苦刑一样;劳动的重压,像巨石般一次又一次地落在疲惫不堪的工人身上。

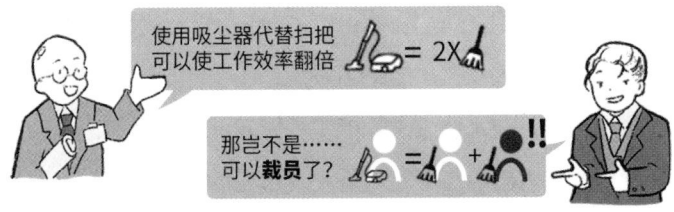

效率变"高"

在我们干活儿的效率变高了之后，
只会被分配去干更多的活儿

机器劳动极度地损害了神经系统，同时它又压抑肌肉的多方面运动，夺去身体和精神上的一切自由活动。甚至减轻劳动也成了折磨人的手段，因为机器不是使工人摆脱劳动，而是使工人的劳动毫无内容。

在卓别林的经典电影《摩登时代》中，当你看到卓别林扮演的工人在机械劳动下发疯，不要觉得那是艺术夸张，这就是流水线工人们的真实感受。直到今天，很多制造业工人仍然在面对着这类"永无休止的苦役"。

机器大工业对未来意味着什么

永无休止的苦役

为什么说机器大工业时代的劳动一定是苦役，也一定会永无休止呢？答案藏在剩余价值的公式里。

对于最先使用机器提高生产力的资本家来说,他们可以获得超额剩余价值。所有资本家都会采用新机器这个动力。但是当新机器得到了普遍应用,社会生产力得到普遍提升之后,这个超额剩余价值就消失了。

这个时候,如果资本家的资本总量是不变的,资本家也已经花了更多的资本去购置机器,那么用来雇用工人的资本就势必会减少,工人的失业也由此而来。

但是问题又来了。我们知道,剩余价值的总量,取决于被剥削工人的总人数和剥削率。当工人数量减少时,资本家为了维持自己的利润总量,必然要加大对单个工人的剥削。而加大剥削最直接的方法,我们已经知道了,就是延长工作日,加大劳动强度——也就是让工人面对"永无休止的苦役"。

于是讽刺的现象出现了,本应该减少劳动时间和劳动强度的发明,反倒给工人带来了更多的辛劳。

这是资本主义生产中一个非常重要的矛盾。资本家总想追逐超额剩余价值,因此有着购置新机器,增大不变资本,减少可变资本的倾向。但是既然剩余价值来源于劳动,想要获得更多的剩余价值,就必然要提高可变资本的数量,雇用更多的工人。

这个矛盾可以部分地通过增加剥削来解决。但是剥削的提升是否有极限，是否会导致经济危机，是否会导致资本主义再也无法增加利润呢？目前学界还有争议。

收入增加了，还是东西更便宜？

无论如何，只要资本家仍然掌握生产资料，那么技术的进步就只可能带来更多的剥削，而不会减轻劳动者的辛苦。

技术带来生活的改善与技术带来剥削的加剧并不冲突。生产力的提升让我们的消费品变得廉价，但并没有增加我们应得的收入，这就是相对剩余价值生产的本质。世界的不平等一直是在加剧而非缩减，意味着普通劳动者的实际收入，如果按照劳动价值来算，则是一直在下降的。

一百年前，一小时社会必要劳动时间（假设这就是每日的工资）可能只等同于一块仅能果腹的面包，但随着生产力的提高，一小时的社会必要劳动时间可能等同于一桌山珍海味。因此我们现在比一百年前吃得更好穿得更暖活得更久，每天的食谱从掺了渣土的面包升级为一锅土豆烧牛肉,不是因为我们分得了更多收入,而只是因为我们用更低的收入能购买更多的东西。

这就是强调劳动价值论的意义所在。只有把价值与劳动挂钩,我们才能更清晰地看出,生活的改善来自于哪里,工作中的剥削来自于哪里,而不是被单纯的数字增减所迷惑。

实际上,如果单纯考察工作环境和工作强度,现在的劳动者面临的处境可真不比一百年前好多少。当前底层劳工的处境不用多说大家也知道,读百年前工人的悲惨历史就和读当今的新闻一样。即便是待遇稍好的蓝领工人,今日的工作条件也没有改善。

举个例子,一个普通的美国运输工人,仍然要每天凌晨两点半起床送货到下午四点,十个多小时都要在没有空调的货车内连轴转,夏天的车厢气温可以高达将近50℃。要是不说背景,你会以为这个工人活在19世纪末,而不是21世纪最强大的资本主义国家。

当然,更不用说在2020年的新冠肺炎疫情期间,蓝领工人的工作安全被严重地漠视了。无数的欧美蓝领劳动者被迫在缺乏防护措施的情况下照常工作。无论是肉联厂的工人,还是超市的店员,他们都在病毒的威胁下从事着维持社会运转的必要工作。而一旦疫情在他们的工作地点暴发，这些蓝领劳动者都会被成百上千地感染，却往往得不到任何额外的补偿和救济。

技术让白领比蓝领更无处躲藏

被剥削可从来不是体力劳动者的专利。监视技术的进步，让劳动者们无论是在工厂还是在办公室都无所遁形。脑力劳动的灵活特性，反而使得资本家们更容易地调动和占有员工的时间，手机和网络的出现更是让员工们逃无可逃。

"社畜"一词来源于日本，说的就是现代公司下如同牲畜一般被压榨的员工，给老板做牛做马，打不还手骂不还口，从早到晚全年无休加班至死……21世纪的社畜只不过是从工厂搬到了格子间，但是受到的待遇跟百年前的流水线工人并无本质区别。

可见，无论何时，无论何地，无论何人，资本的剥削都是无止境的。我们的科学技术虽然比百年前发达和进步，但是资本的力量却仍然野蛮。

所以人类对于未来的想象，从古典时代的技术进步

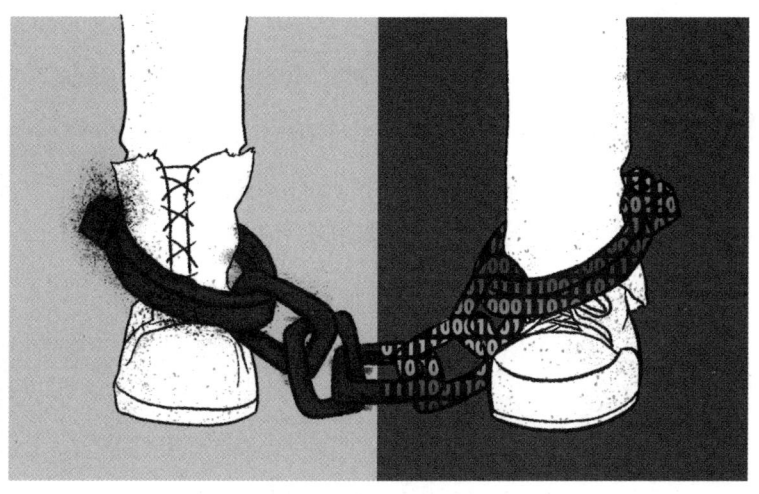

和百年前相比,科技进步了,但资本的力量却仍然野蛮。
监视技术的进步让劳动者无论是在工厂还是在办公室都无处遁形。

拯救一切的乌托邦，也逐渐变成了当代的技术进步摧毁一切的反乌托邦。

从20世纪七八十年代开始，欧美出现了一种新的科幻流派，叫作赛博朋克。赛博朋克一般设定在大资本控制下的未来都市，故事基调阴郁：公司取代政府，贫富差距悬殊，有钱人凭借高科技为所欲为，而穷人只能在资本的控制下苟延残喘……

这样的不祥预言是对技术进步的过度担忧吗？当然不是。

贫富差距扩大、技术侵犯隐私、公司垄断加剧这类问题，几十年来仍然没有得到根本解决，甚至早就超过了很多作家的黑暗想象。如果我们去阅读几十年前的赛博朋克作品，会发现他们描述的正是当今世界。

问题不在技术进步本身，而在于谁在推动技术进步，谁在掌握技术进步。如何避免人类创造的技术反噬人类，我们有必要更深入地了解资本主义的本质。

因此，我们在这里跟随马克思回顾工业革命的历史，分析资本主义的剥削，从根本上讲，是为了警惕我们人类的未来。

09

努力工作,为什么还贫穷

——资本积累和资本主义再生产

> 资本主义的经济从整体上看就像一家大公司，工人自己生产完产品，从资本家那里领来工资，反过来用工资购买自己生产的产品。

资本主义生产的自我循环

资本家的第一桶金从哪里来？

资本主义不是一天产生的，也不是只产生了一天。

关于资本家所拥有的资本，我们一直假设它的存在是个既定事实。但是，这个"资本"是从哪里来的，又要向哪里去呢？

这就是资本积累的问题了。

如果我们将前面提到的资本增殖过程，放到一个长期和宏观的角度来看，会看出什么呢？

我们知道的资本增殖的过程是这样：首先资本家投入资本，购买生产资料和劳动力；然后劳动力使用生产资料，生产出产品；最后资本家再将产品出卖，获取新的资本。而最终收到资本的价值，就等同于原先的资本价值再加上剥削所得的剩余价值。

在表面上看,这个过程就表现为,资本家投入了一笔资本,然后收回了自己的本金和利润。

于是资本家开始叫屈了:在银行存了钱,到期就要收回本金和利息,这是大家都懂的道理。那么我们今天把自己的资本投入了生产活动,尽管这里面的具体运行过程可能跟把钱存进银行不太一样,但是,自己的合法投入难道不应该有回报吗?怎么普通人存钱收利息叫作财产性收入,而我们投资收回报就叫剥削了呢?

我们普通人的存款是劳动所得,那么资本家的资本是从哪儿来的呢?

资本家可能会说,当然也是白手起家辛辛苦苦挣来的啦。

好吧,那就让我们暂且先相信资本家。

资本家从不消费自己的本钱

假设某人通过诚实劳动所得1000万,投入了生产之中当起了资本家,那么此人有权利要求获得这1000万资本产生的剩余价值吗?

大家来做个简单的算术题：假设资本家的1000万资本，可以在一个月后变成1100万，每个月资本家将本金的1000万继续投入生产，然后把那100万的剩余价值拿来消费，那么资本家多久会花完自己的本金呢？

按照算术法则，1000万的本金将在10个月内花光。因此，资本家在10个月之后投入生产的每一分钱，都是取自于工人劳动产出的剩余价值。

但是按照资本主义的法则，资本家永远都不会花完自己的本金，因为这1000万本金每个月都在创造新的价值，资本家从来没有消费过自己的本金，而是在消费自己的本金生产出来的利润。

资本家永远都拥有1000万资本产生的一切利润的产权，因此每次雇用劳动者，都是资本家自掏腰包自担风险。

有没有觉得哪里不太对劲？

我们知道，资本家在资本增殖的过程中完全可以不付出任何劳动，也不贡献出任何价值，而他们占有剩余价值的唯一理由，就是对资本的不可侵犯的私有产权。

如果这个私有产权本身就有问题呢？

即便资本家投入生产的原始资本是自己劳动得来

的，但无论这个资本初始有多大，只要经过了足够多的资本积累过程，原始的资本都将被花光，被转换成资本剥削下劳动者所生产的剩余价值。

资本家不再需要付出任何自身劳动，便可自动侵占别人的劳动果实：

> 因此，撇开一切积累不说，生产过程的单纯连续或者说简单再生产，经过一个或长或短的时期以后，必然会使任何资本都转化为积累的资本或资本化的剩余价值。即使资本在进入生产过程的时候是资本使用者本人挣得的财产，它迟早也要成为不付等价物而被占有的价值，成为无酬的他人劳动在货币形式或其他形式上的化身。

站着挣钱，然后躺着收钱

假如一个人买了一套房子，然后打算把这套房子出租，靠收租为生。一开始租金的积累很少，他还得自己去寻找租户，自己当房屋中介，自己处理房屋的各项杂活……

但是当租金积累到一定程度的时候，他就可以再购买新的房产，收取多倍的租金。而这多倍的租金使得他可以直接雇人打理自己的房产。于是这个资本的雪球越滚越大，但是资本家自己所需要付出的劳动却越来越少。

即便一开始这个人买下房子的钱是自己劳动所得，一开始经营房屋的租金也有自己劳动的成果，但是到后面当资本积累走上正轨时，他就无须再为此付出更多劳动，房租也可以源源不断地从雇工和租户的血汗钱中榨取。这就是一个钱能生钱的过程。

富人越富是事实

假如上面说到的这个人一开始就拥有能够购买多套房产的资本，那么他甚至可以直接跳过前期打拼的阶段，直接坐享其成。而反过来，假如一个人没有资本，那么他不光没有资本收入，反而自己每月还要承担房租的成本，交完房租后所剩无几的工资更是无法攒下来日后买房。

于是初始拥有资本的人只会积累越来越多的财富，而初始贫困的人只能永远维持贫困状态。所以富人坐吃山空并不是一件概率很大的事情，因为财富本身就可以自动生产（剥削）更多的财富。穷人想要积攒资本则极为困难，因为没有房产等生活资料，穷人想要维持生活反而要比富人付出更多的成本。

资本家的生活和消费也是分阶段的。在刚开始打拼的时候，资本家可能还需要投入自己辛苦积累的财产，还要自己付出一定的劳动，他的身心都要投入在资本增殖的事业中。但随着剥削带来的剩余价值越来越多，他就越来越不用操心资本积累的事情，也越来越有时间和金钱投入到奢侈的消费中。

即便真有白手起家的资本家，在创业时期践行着他们鼓吹的勤奋和节约，等到了他们能靠资本过活的时候，游艇别墅这些奢侈品也是一个都少不了的。富二代就更不用说了，他们都不需要经历资本积累的最初辛苦，只负责享受继承下来的财产，自然也更容易奢侈浪费。

自我生产与购买的无限循环

当我们孤立地看待单个资本增殖过程的时候,会有一个错觉,认为资本家即便什么事情都没做,至少也提供了生产中必不可少的资本,这是非资本家做不到的贡献。

但是资本家的资本是哪里来的呢?来自之前的资本增殖过程,也就是来自于工人的劳动。

资本家的资本要往哪里去呢?去往下一次的资本增殖过程,也就是用于购买生产资料并雇用工人。

也就是说,如果我们把资本增殖看成一个连续不断的过程,那么工人们其实自己生产了雇用自己的资本。

而当我们把工人阶级看成一个整体,那么工人阶级自己生产了工人阶级领到的工资、用工资购买的消费品,以及用来进行劳动的生产资料。

于是,资本主义的经济从整体上看就像一家大公司,工人自己生产完产品,从资本家那里领来工资,反过来用工资购买自己生产的产品:

资本家阶级不断地以货币形式发给工人阶

级票据,让工人阶级用来领取由它生产而为资本家阶级所占有的产品中的一部分。工人也不断地把这些票据还给资本家阶级,以便从资本家阶级那里取得他自己的产品中属于他自己的那一部分。产品的商品形式和商品的货币形式掩饰了这种交易。

如果继续深究下去,甚至连资本家用来压迫和剥削工人的一切手段,也不是来自于资本家自己,而来自于工人的生产。

无论是用来雇用打手贿赂官员来镇压工人的资金,还是用来控制监视工人的厂房和机器,全都来自于工人自己生产的剩余价值。

工人为什么必须要辛苦地替资本家干活?

——因为资本家掌握了生产资料。

为什么资本家掌握了生产资料?

——因为资本家拥有资本来购买。

资本家的资本哪里来的?

——工人替资本家干活生产出来的。

一个完美的循环。

越工作，越成为资本主义的一部分

这个循环不光自我生产，还可以自我强化、自我稳定。

如果有工人意识到了自己供养着资本家，打算打破这一循环，那么资本家只需用工人自己生产的资金去收买或者镇压工人就好了。

> 资本主义生产过程在本身的进行中，再生产出劳动力和劳动条件的分离。这样，它就再生产出剥削工人的条件，并使之永久化。它不断迫使工人为了生活而出卖自己的劳动力，同时不断使资本家能够为了发财致富而购买劳动力……可见，把资本主义生产过程，在联系中加以考察，或作为再生产过程加以考察时，它不仅生产商品，不仅生产剩余价值，而且还生产和再生产资本关系本身：一方面是资本家，另一方面是雇佣工人。

讽刺的事情发生了。

工人阶级生产的不是产品,而是自己的枷锁。工人阶级劳动得越多,生产得越多,加在自己身上的剥削就越沉重。这就是我们之前提到的劳动异化,工人阶级与自己的劳动产生了对立,劳动从幸福的本质,变成了苦难的根源。

所以工人阶级的存在本身,就是资本主义存在的条件。工人阶级自身不断的维持和再生产,也就是资本主义再生产的条件。

即便工人在工作之外,为自己消费,为自己养家糊口,为自己生育下一代,但最终都会成为资本主义体系的一部分。

> 虽然工人实现自己的个人消费是为自己而不是为资本家,但事情并不因此有任何变化。役畜的消费并不因为役畜自己享受食物而不成为生产过程的一个必要的要素。

这就是为什么欧美资本主义国家在面对人口问题的时候都如临大敌,尽一切可能要鼓励民众生育,并且批判各种计划生育的政策。他们并不是关心所谓的生育权,而是关心资本主义体系能否维持下去。

从生到死,工人的一举一动,都不过是在服务于束缚自身的资本主义。

所以马克思才会说,困住工人的"金锁链",是工人自己铸造的。

资本主义社会的自我建设

政府干预:被用时朝前

资本主义的长久维持,离不开资本主义国家的主动干预。

一方面,欧美各国一般都经历过社会主义运动的冲击,工人阶级在资本主义国家内拥有一定的影响力来争取自己的权益。政府出于维护社会稳定或者进行社会动员(比如战争)的角度,会对工人阶级的要求让步。

而另一方面,从维持资本主义经济稳定的长远角度看,政府也会意识到工人阶级的健康和生育是资产阶级存在的重要前提,用强制力对工人阶级的福利进行一定的保障。

因此,从历史和逻辑上看,各国政府都有动机干预资本家的剥削。

对于资本家们来说,政府的干预肯定会损害他们的利益,即便这些干预最终有利于资本主义的发展。

所以资产阶级一向敌视政府的干预,总是叫嚣着"要把权力关进笼子里"。他们真正打算关进笼子的,只是妨碍自己剥削的权力,真到了需要政府帮助他们镇压工人的时候,他们只会说这是政府在践行法制,保护私人权益不受暴民侵害。

在冷战结束之后,随着社会主义革命在全球退潮,新自由主义逐渐兴起,欧美政府的干预权力被视为累赘。

尽管很多人喜欢把不受限制的资本权力叫作自由,把资本不受限制的剥削叫作理性,但是资本的权力也是权力。

当资本家的无限制扩张和剥削没有政府权力来限制

时，我们就看到了欧美资本主义国家近几十年来工人生活水平的停滞和贫富差距的扩大。

欧美资本主义国家从2008年起爆发的经济危机，看似金融业失控的偶然，实则也是个必然，因为工人阶级的生产和消费是资本主义社会正常运转的前提。资本家自己提倡的自由和理性，实际上也不过是贪婪和短视，只会加速资本主义社会矛盾的激化。

作为个体的资本家其实也从不关心资本主义国家整体命运的，等到危机出现，资本家们总是可以找到政府兜底，这个时候他们就怀念起政府的权力了。

没辙，不管跟个体资本家有多少分歧，在保卫资本主义的大是大非问题上还是不含糊的。所以看在自由世界的分儿上，即便是华尔街的资本家们坑了世界经济，美利坚政府还是要拉他们一把。

没事的时候被嫌弃管得多，有事的时候被嫌弃管得少，资本主义国家的政府也不是那么好干啊。

借邻居的锅蒸出的馒头归谁

资本家心里也明白跟政府的这种共生关系，所以即便是再极端的新自由主义者，再叫嚷把权力放进笼子里，有一项国家权力肯定是要保留的，那就是资产阶级法权。

为什么资产阶级法权如此重要？

因为法律要维护市场秩序，要保护私有产权。

这不是好事儿吗？市场和产权不是好东西吗？公平交易不对吗？保障个人财产不对吗？

但是在资本主义制度下的市场和产权，可不是看上去的那么无辜。

在资本积累过程中，资本家所拥有的资本越变越多，而资本家在这一系列的过程中却不用付出一丁点劳动。而劳动者呢，只能领到勉强维持生计的工资，在消费之后再无多少积累，即便劳动者在此期间承担了所有的劳动。

这就是钱能生钱的魔法。这里资本越变越多的关键，不是炼金术，而是从劳动者身上剥削的剩余价值。

为什么我们从表面上看不到剥削的痕迹呢?

因为被市场和产权掩盖了。

资本主义市场将劳动力视为一种普通商品来买卖。因此,当资本家用财产购买到劳动力的时候,资本家的产权就会自动延续到这个劳动力之上,并且同时拥有这个劳动力生产的一切产品的产权。

就好像我们今天花自己的钱购买了一个蒸锅,蒸出来的馒头全都属于自己。以此类推,资本家今天花自己的钱雇了一个人,那么这个人做出来的东西就全都归了资本家。

看起来很合理是不是?

但是,劳动力和蒸锅的不同之处在于,劳动力是能够创造价值的特殊商品。

我们之所以拥有蒸锅做出的馒头,不光是因为用自己的金钱购买了蒸锅,更是因为我们付出了制作馒头时的劳动。

同样的道理,我们今天如果去借邻居家的蒸锅,不会因为蒸锅的产权属于邻居,制作出来的所有馒头就都归邻居所有。

每个人占有自己的劳动果实,这不光是劳动价值论推导出的必然结果,也是常识上朴素的物权法则。

但是资本主义法权认为,产品的产权不属于生产了产品的劳动者,而属于生产资料的所有者。当劳动者把自己的劳动力出卖之时,劳动者就丧失了一切对劳动产品的索取权利。

这就相当于,今天我们用了邻居家的蒸锅,邻居把我们辛辛苦苦做的馒头全部抢走,最后只留我们一团面渣,我们还要为此感恩戴德。

相信没人愿意跟这种人做邻居,也没人愿意接受这种霸王条款。

但是我们的这位"恶邻",只要摇身一变成为资本家,根据资本主义法权拟定劳动契约,就从一个抢劫者变成了老板,而我们从受害人变成了雇工,被抢走的劳动成果也就变成了资本家的合法收入了。

你知道自己被依法有序地剥削吗

大不了就不给这个资本家干活呗,咱们自己给自己干活不好吗?但是资本从哪里来呢?没有生产资料我们就没法干活,而我们一般人买不起生产资料。所以看似平等自由的市场,其实完全是单向的。

当然,在现实中是有些公司会发给员工股份,但是这些股份的份额并不会和员工的劳动贡献相匹配,而且也不会多到让员工掀了董事会的桌子。

可见,所谓国家保护的不可干扰的市场秩序,不过是在保护资本家以雇佣形式剥削劳动者的秩序。而法律所保护的不可侵犯的私有产权,只不过是资本家对剩余价值的私有产权,在剥夺劳动者对劳动成果的私有产权。

即便我们不从马克思主义的角度出发,而是根据资产阶级的普世人权,得出的结论仍然是一样的:资本主义的市场和产权会不可避免地导向对劳动者的剥削和侵害。

劳动力和劳动力的所有者在实践中是完全不可分割的,当资产阶级法权允许将劳动力作为商品时,也就同时将劳动者置于了雇主的支配下。无论现代社会为雇主加了多少限制条件防止雇主对劳动者人身权利的侵犯,只要雇主可以支配劳动者的劳动力,那么总会有无数的方法绕开限制,将对人身权利的侵犯合法化为必要的劳动力使用。

无论是对特定人群的歧视，还是恶劣的工作环境，或是无休止的加班，再怎么侵犯个人权利，都可以用"工作需要"来开脱。即便劳动契约赋予了劳动者自由离开雇主结束契约的权利，但很多时候更换雇主的成本过高，劳动者只能忍受剥削。这样一来，雇主相当于永久地占有了劳动者的劳动力，那么看似自由的劳动者实际上就与古时候的奴隶和仆人无异了。

这也是为什么以前的美国奴隶主可以理直气壮地说自己使用奴隶比雇用工人文明。毕竟奴隶主还会把奴隶当成自己的财产来爱惜，而资本家在雇用工人的时候只会尽可能压榨……从工人们遭受的剥削看，这种理由到现在都还有一定的说服力。

所以资产阶级一听到国有化、公有制这类政策就气急败坏，对于任何想要破坏产权和市场的努力都如临大敌。

钱生钱的"投币机"

> 苏联解体之后的休克疗法时期,俄罗斯曾实行过一个全民当股东的计划,每个人可以领到一张私有化证券来购买国有资产的股份。你猜最后怎么着?一般老百姓在苏联解体之后饭都吃不上,只能被迫把自己的私有化证券卖给有权有钱的人,于是到头来,生产资料还是落到了资本寡头手里。

资本主义的"思想钢印"

不只是资产阶级,很多普通人也会自觉自愿地维护资本主义秩序。

为什么呢?因为这些普通人会想:产权是为了保护自己的财物,市场是为了保护自己的工作。

受剥削的权利也是权利,一无所有的自由也是自由,这可是资产阶级的一大发明。

在20世纪社会主义风起云涌的时候,资产阶级还得靠血腥暴力才能镇压工人阶级对自身自由和权利的追求。现在倒是省事儿了,随着所谓的产权和市场概念深入人心,工人阶级可以主动保卫资产阶级的自由和权利，主动追求自己的贫困和被奴役了。

当然，这并不是什么新鲜事儿。

所以马克思写作《资本论》就是要揭穿这些资产阶级的伪装，特别是要打资产阶级经济学家们的脸。我们一起围观一下马克思"毒舌吐槽"知名经济学大V们。

比如著名的英国思想家边沁（功利主义的创立者，现代西方经济学边际效用理论的奠基人），将英国资本主义当成亘古不变的常态，将英国资产阶级的想法（也就是现代经济学所谓的"理性人"）当成是古今中外全人类的一致想法，就被马克思嘲讽道：

> 耶利米·边沁纯粹是一种英国的现象。在任何时代，任何国家里，都不曾有一个哲学家……曾如此沾沾自喜地谈论这些庸俗不堪的东西……他幼稚而乏味地把现代的市侩，特别是英国的市侩说成是标准人……这位勇敢的人的座右铭是"没有一天不动笔"，他就用这些废话写出了堆积如山的书。如果我有我的朋友亨·海涅那样的勇气，我就要把耶利米先生称为资产阶级蠢才中的一个天才。

还有英国著名自由主义思想家约翰·穆勒（在政治学领域，一般将他的名字翻译成密尔，对，就是写《论自由》的那个密尔），也颠倒黑白地说，工人阶级在劳动之后才领到工资，不是被剥削，而是通过工资的形式投资了企业，自己成为了资本家。

马克思当然不会放过这个讽刺的机会：

> 实际上工人是在一周或其他一段时间内把自己的劳动无偿地预付给资本家，然后在一周之末或其他一段时间结束时才取得他的劳动的市场价格；在穆勒看来，这就使工人成了资本家！平地上的一堆土，看起来也像座小山；现代资产阶级的平庸，从它的"大思想家"的水平上就可以测量出来。

当然，马克思没有料到的是，平地上的这"一堆土"，到现在也是资产阶级学者们不可逾越的高山。现代资产阶级队伍中已经连穆勒和边沁这种大思想家也没有了，只剩下了钻营某个狭小领域的学者，和装作思想家的公众知识分子。

我们现在还能看到,有自称经济学者的人在新冠疫情期间鼓吹发国难财,连西方经济学的市场失灵概念都选择性失明,就能知道资产阶级的思想水平退化得多厉害了。

所以今天我们接触到资产阶级的制度、理论、规则,其中合理的部分当然要学习。但是我们同样要意识到,凡是上层建筑都是有阶级性的。

看似公平正义普世的制度和规则,无论是公司的条例,还是国际的法规,还是社会的道德,本质上都是由一部分人制定,并为一部分人服务的。

10

为什么越发达越容易失业

——资本积累的一般规律

" 无论是累死累活的在职员工,还是无事可做的失业者,都在用自己的方式,遭受着资本主义的剥削,更是为资本主义的建设添砖加瓦,谁也别说谁。"

最简单的资本积累——有机构成不变

到底什么是资本的有机构成

我们现在知道了增殖的资本是如何积累下去的,资本主义的生产关系是如何延续和维持的。

可是然后呢?

资本这样积累下去,会发生什么?对于我们普通人又意味着什么呢?

这就要来了解一下资本积累的一般规律了。

对于资本主义国家,资本积累从宏观层面来讲,就是我们常说的经济增长。

经济增长难道不是好事吗?不是所有人都可以从经济发展中受益吗?

但马克思的回答是:看情况。

看什么情况呢?那就是看资本的有机构成。

这里马克思首先提出一个新的概念——技术构成，即生产过程中"所使用的生产资料量和为使用这些生产资料而必需的劳动量之间的比率"。一个工人在相同劳动量下，能够支配和处理的生产资料越多，技术构成就越大。

$$技术构成 = \frac{生产资料}{必需劳动量}$$

马克思之前也提过不变资本和可变资本的比率。那个比率被称为资本的价值构成。

可以看出，价值构成和技术构成是相互联系的，同样劳动量能支配的生产资料越多，不变资本和可变资本的比率也就越大。因此，由资本的技术构成决定的价值构成，马克思就称之为资本的有机构成。

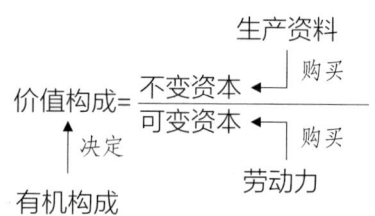

老板为什么同意给你涨工资

我们先看一种最简单的资本积累，即资本仅仅是总量上的增长，但没有结构上的变化。也就是说，资本的有机构成不变。

比如资本家多开了一个店，多建了一座工厂，资本的总量扩大了一倍，所购买的生产资料和劳动力也都相应增长了一倍，没有生产模式上的变动，仅仅是规模上的扩大，那么资本的技术构成就没有改变。

即便个别的行业之间此消彼长，这样的资本积累，无论对于生产技术还是产业结构，甚至整个经济体，都没有重大变化。

因此，伴随着资本积累，必然等比例地扩大对劳动力的需求。由于劳动力的供给在一定时期内是有限的，大量涌入市场的过剩资本就会带来劳动力价格的暂时上涨。在此时，西方经济学所预测的经济规律就会发生作用，经济增长会扩大就业并增加劳动者的工资。

为什么资本家会允许工资的增长呢？

因为资本家追求的是利润总量，如果剥削的工人多了,资本总量高了,即便剥削率低了一些,也不妨碍资本家更多地积累资本。

"从一个人身上榨取六小时的剩余价值不如从十个人身上每人榨取三小时的剩余价值。"这个道理在现代财务理论中也是适用的,收益率的高低固然重要,但最后还是要考察净现值,即收益与成本的差值。

这样一来,当资本家吃上肉的时候,工人们也可以喝点汤,享受到一些经济发展的成果。

所以我们会看到,资本家会骄傲地宣称,他们为社会做了贡献,既创造了就业又提升了大众的收入。资本主义国家也喜欢向世界展示,他们的工人买得起汽车住得起别墅,体现了资本主义制度的优越性。

靠攒工资能当上资本家吗

马克思承认资本发展给工人们带来的好处,但是单凭这个,我们就可以通过提高工资摇身变成资本家吗?

马克思提示大家:即便在这种条件下,工人的收入也不可能高到让他们取代资本家的位置,工人还是必须为资本家出卖劳动力才能维持生计。即便那些看似高薪的白领职员，也很难攒下钱当上自己公司的董事或者开个公司当资本家，更不用说普通蓝领工人了。

当然，这世上总有普通职员单干创业并且成功的例子，但这样的案例只是极少数。如果一个普通人靠工资就可以随便创业当老板，那这世界早就成了人人都是大老板的乌托邦（我也不用在这里写书而是赶紧去赚大钱了）。

残酷的现实是，绝大部分离职创业的人，都不过是拿着一点积蓄去市场当韭菜，根本没有与大资本竞争的能力。等到这些创业者破产，他们往往还得乖乖回去替别人打工，唯一的不同是，他们此时还要背着更多的债。

> 吃穿好一些，待遇高一些，持有财产多一些，不会消除奴隶的从属关系和对他们的剥削，同样，也不会消除雇佣工人的从属关系和对他们的剥削。由于资本积累而提高的劳动价格，实际上不过表明，雇佣工人为自己铸造的金锁链已经够长够重，容许把它略微放松一点。

但即便是金锁链放松了一些,也是有限度的。当劳动力的价格高到一定水平的时候,就会导致资本积累的放缓,从而减少对劳动力的需求,继而导致工资水平回落。这就是资本积累的一个自动调节机制,"资本主义生产过程的机构会自行排除它暂时造成的障碍"。

很多所谓经济学者将失业归咎于工资过高,甚至反对最低工资的保障,也是一种本末倒置。劳动力的过剩和工资的高低,其实都只是资本积累的结果而非原因。当资本不足时,即便工资再低,也不会产生对劳动力的需求并增加就业。

所以,很多落后国家或地区不光工资低,失业率也高,就是因为经济不够发达,没有足够多的资本去雇用那里的劳动力。反过来,只要经济高速发展,高工资也

即便是西方经济学也承认,当劳动力市场处于买方垄断时,工资水平会低于均衡值,因此提高最低工资有助于使工资回复均衡,从而增加就业。试想,那些会被最低工资影响的低收入行业,是更接近于所谓自由竞争市场工人能够讨价还价,还是更接近于买方垄断由企业说了算?

并不会妨碍就业。

因此，即便工人的待遇在特定条件下会因为资本的快速积累而有所改善，但长期来看终究会陷于停滞。

更糟糕的是，当资本积累发展到一定程度的时候，资本的有机构成就不可避免地发生改变，那么对劳动力的需求也会发生变化，进而恶化工人的处境。

失业的前奏曲——资本积累的爆发

大鱼吃小鱼，大资本吃掉小资本

资本的积累仅仅是量变而没有质变并不是经济发展的常态。

当资本积累到一定程度的时候，资本就会发生集中，带来产业的转型、技术的进步、结构的优化——也就是资本有机构成的改变。

在市场竞争的压力下，个体资本家总会追求超额剩余价值，试图提高劳动生产率。然而劳动生产率很大程度上取决于资本的规模。更多的资本也就意味着更好的技术，更有效率的生产，以及更强的抗风险能力。

大鱼吃小鱼是最基本的市场规律，因此个体资本为了追求生存，不得不尽一切努力积累更多资本。

显然，单靠资本的自然积累很可能赶不上形势的变化，于是金融行业随之繁荣，为的就是能够突破限制，帮助资本在短时间内集中起来。同时，技术进步和社会变革也需要调动大量资本，为此提供服务也是金融行业的社会意义所在。

正如马克思的比喻：

> 假如必须等待积累使某些单个资本增长到能够修建铁路的程度，那么恐怕直到今天世界上还没有铁路。但是，集中通过股份公司转瞬之间就把这件事完成了。

因此金融市场上有各种各样的产品和操作，但其主要职能还是为了实体资本的集聚。反过来说，如果某个金融产业只是单纯地操纵虚拟数字，而不服务于实体经济，那么就很容易带来虚假的繁荣和泡沫。

资本集中也是常见的现象，一个行业一开始可能是千帆竞渡百舸争流，大小资本都会分一杯羹。但随着时间的推移，行业会不断洗牌，小资本或倒闭或被吞并，如果没有任何法规进行限制，最后往往只会剩下少数大资本垄断整个行业。

但是资本的集中往往也意味着资本有机构成的变动。毕竟更多的资本集聚在一起，一方面产生了规模效应，另一方面也采用了更昂贵的技术和机器，从而带来劳动生产率的提高和相应的资本有机构成的提高。

资本家吃肉，工人只能喝西北风

有机构成的提高意味着什么呢？意味着同样多的资本，现在对应着更少的工人。即便资本的积累在扩张，但是用于雇用工人的资本却有可能减少。

大家可以想想，当一个新产业出现时，一开始往往会有大量企业涌入，每个企业都会雇用一定量的从业者。但是当产业规模扩大并趋于稳定之后，大量企业会在洗牌后破产，只留下少数垄断大资本。

尽管大资本在扩张中可能会吸收一些破产企业的从业者，但是大部分破产企业的员工都会失业从而离开这个产业。由于大资本的效率更高，因此整个产业的扩张可以与整体从业者的减少并行不悖。

如果我们把视野从某个产业扩大到整个经济体，事情就更明显了。对于绝大部分国家，产业发展的规律都是从劳动密集型向资本密集型转变。从整体经济的角度看，这种转型会带来更高的利润和更快的发展，但从就业的角度看，这种转型也就意味着更少的劳动力需求。

于是，资本积累最终带来的必然是失业人口，也就是不再被资本所需要的"相对过剩人口"。

这种"过剩"是"相对"的而非"绝对"的，它并不是由人口数量的绝对值过高而导致的，而仅仅是因为人口与资本的比例导致的。无论人口多寡，资本积累最终都会创造这种"相对过剩人口"。

比如美国的东北部老工业区，曾经是世界钢铁和汽车工业的中心，吸纳了大量的就业。但是随着美国向高科技和金融产业的转型，这些工业都逐渐衰败，工人大量失业，城镇也衰败成了"锈带"。即便有少数工业区成功地向高科技产业转型了，对就业帮助却不大，因为越是高技术的产业需要的工人越少。

因此，大量"锈带"工人在失业之后只能转而在服务业打零工，去开网约车或当服务员。尽管整体的就业率表面上看和之前没差太多，但是原先的全职制造业工人现在只能从事兼职服务业，实际的劳动时间和劳动报酬都没法和原先同日而语了。那些几十年前被视为国家骄傲的美国蓝领工人，美国梦的承载者，如今也变成了美利坚的贱民——"deplorable"。

遗憾的是，很多美国蓝领工人受到民粹主义者的煽动，认为是移民的涌入和外包产业的发展带来了过剩的劳动力，从而压低了工资，造成了失业。然而，无论有多少移民和劳动力，失业的命运都是不可避免的，这是资本积累的必然结果。

资本主义积累的绝对的、一般的规律

失业人口是重要的"产业后备军"

和我们想象中的不同,失业人口并非是资本主义的负担,反而是资本主义的"产业后备军":

> 过剩的工人人口是积累或资本主义基础上的财富发展的必然产物,但是这种过剩人口反过来又成为资本主义积累的杠杆,甚至成为资本主义生产方式存在的一个条件。

为什么这么说呢?

因为这些过剩人口的存在,极大地提升了劳动力供给的弹性,"为不断变化的资本增殖需要创造出随时可供剥削的人身材料"。

资本积累必然带来资本的集中和生产力的发展，也就意味着资本在短时间内因某种契机突然扩张的能力极大地增强了。

有的时候是新的市场和机遇会扩大旧的生产部门，比如今天若是有个去非洲卖手机的风口，那么手机产业就会突然迎来一波发展；明天若是有个全民喝奶茶的热潮，那么奶茶店和相应的食品产业就会突然扩张。

有的时候是新的技术和条件会在旧生产部门的基础上创造新兴的生产部门，比如电池技术的突破创造了新能源汽车的产业，芯片技术的突破创造了智能手机的产业。

无论是旧产业的扩张还是新产业的兴起，都需要在短时间内集中大量劳动力——市场可不等人。显然，若是在充分就业的情况下，资本突然的扩张必然会面临无人可雇的困难，他们必须得从现有的生产部门高价挖人，还不一定挖得到。

但如果社会上有大量的失业或半失业的工人，这些"产业后备军"就可以被很快地招募并投入到生产中。

所以，当美国发展起网约车之类的共享经济的时候，如果真的如字面意义上只依靠普通人共享资源，是根本不可能发展到现在这个规模的。

共享经济最大的劳动力来源不是想要在上班之余顺手赚点钱的普通人，而是需要把共享经济当成谋生手段的失业或半失业人员。

比如我们之前提到的美国"锈带"失业工人，其中很多人的归宿就是去开网约车。对于他们来说，网约车跟共享没有什么关系，只不过是报酬更低、工作时间更长的出租车罢了。

扩大劳动力的临时供给以满足资本突然扩张的需求，是"产业后备军"最重要的功能之一。

别的人失业才能保全你的职位

"产业后备军"的存在，除了直接地为资本提供自身劳动力，还可以间接地帮助资本压榨现有的劳动力。

很多人喜欢提"用脚投票"这个词，认为市场经济对劳动者也是公平的，如果碰到老板剥削压榨，走就是了，为什么要留下来受罪呢？

理想状态下确实如此。如果每个人都可以很轻松地更换工作，想走就走想留就留，那么资本家就必须要提高劳动者的待遇防止人才流失了。

但是现实中,当劳动力市场上存在着大量失业者的时候,没有员工会这么潇洒,也没有老板会这么求贤若渴。因为对员工来说,劳动力供大于求,找不到下家就喝西北风的风险是实实在在的。而对老板来说,员工爱走不走,市场上那么多求着被剥削的失业者也是实实在在存在的。

特别是在我们这个时代,最不缺的就是受过教育和训练的人。

在马克思的年代,他所指的"产业后备军"主要还是从事体力劳动的失业工人,因为他们的工作不需要受太多教育,可以迅速地替代各种岗位的劳动。

但是如今的"产业后备军",早就不限于体力劳动者了。随着教育的普及和脑力劳动的程式化机械化,我们总能看到这样的现象:一边是大量高学历人才找不到工作,另一边是大量的单调工作随便抓个毕业生就能干。

在这样的背景下,无论你是工厂里的蓝领,还是办公室里的白领,都丧失了很多"用脚投票"的资本,只好忍受资本家的剥削。因为你知道,即便自己离开现在的职位,外面也有无数人等着接替你的位子,而你离职后想要找到新的职位,也不一定抢得过外面的无数人。

于是对于资本家来说,劳动力供给就可以通过加大对员工的剥削而非雇用新员工来实现。让现有的员工多加班,总是比多雇一个员工要省钱得多。加班的员工虽然会多拿到一些奖金,但是奖金数量并不会与其工作量相匹配。况且资本家在分配工资的时候,一开始就会把加班考虑进去,员工若是不加班,要么很难满足自己的生活需求,要么面临被解雇风险,也只好"自愿加班"。

当然,在实践中,资本家总会拔擢重赏一些加班拼命的模范员工,立为"奋斗"典型,同时降级惩罚那些加班少的员工,立为"懒惰"典型。于是只需要一些制度安排,员工们就会拼命加班,互相竞争,没心思想着从资本家那里争取权益了,矛盾都被员工内部消化了。

这种所谓的管理学,从马克思时代的工厂主就开始用了。当前的白领和一百多年前的工人,都是在同一种制度下被管理着,没有什么本质差别。马克思在《资本论》中详细讲述了很多资本家管理工人的实际细节,而这些马克思记录下的"管理经验",直到现在都没有过时。所以很多资本家也会看《资本论》,为的就是学习

"互锁"

因为失业陷入窘境的工人和虽然就业却被过度压榨的工人,其实是相互让对方处境更难的。

剥削工人的实用手段。

于是,恶性循环再次出现了。

资本家雇用的员工越是这样努力加班,资本家就越不需要雇用额外人手,失业的人就越多。而失业的人越多,资本家雇用的员工就越不敢反抗和跳槽,就越需要靠加班来维持。

对于员工个人来说,努力工作加班挣钱,是一个符合自身理性的选择,无可指摘,即便被剥削也比丢工作要好。但是对于无产阶级整体来说,员工个人的努力却只会加深资本家对劳动者的控制,到头来谁也逃脱不了被剥削的命运。

这在博弈论上,就是集体行动的困境。员工一起反抗,成本是个人的,收益是大家的。因此即便最后每个人都会受益,也没人想要当这个刺头承担风险。

员工越是信奉自由市场,越是信奉个人主义,越是信奉奋斗精神,资本家就越开心。因为当员工信奉这些的时候,他们也就放弃了和资本家谈判的力量、为个人争取权益的自由、为真正的美好生活而奋斗的可能性。

有人享受发展的成果，就有人付出同等代价

其实，就业与失业就是一枚硬币的两面。当有些领着高薪的人嘲笑失业者懒惰无能的时候，他们没有意识到，那些失业的人其实是自己就业的代价，自己之所以有机会"奋斗"，是因为有那么多的人被剥夺了奋斗的机会。当然，无论是就业被剥削，还是失业被遗弃，都是资本主义发展的代价。

因此，表面上看，资本和劳动者是平等的市场关系，劳动力的价值取决于其供给和需求。实际上，资本积累虽然在有机构成不变时增加了对劳动力的需求，但资本的积累又会导致有机构成的增大，减少对劳动者的需求，从而造成常态化的失业。

> 对劳动的需求同资本的增长并不是一回事，劳动的供给同工人阶级的增长也不是一回事，所以，这里不是两种彼此独立的力量互相影响。骰子是假造的。资本在两方面同时起作用。它的积累一方面扩大对劳动的需求，另一

方面又通过"游离"工人来扩大工人的供给，与此同时，失业工人的压力又迫使就业工人付出更多的劳动，从而在一定程度上使劳动的供给不依赖于工人的供给。

为什么发达资本主义国家发展到现在，积聚了那么多的财富，拥有那么多的技术，至今也没有消灭贫困和失业？答案就在这里了。

因为贫困和失业既是资本主义发展的结果，也是资本主义发展的动力：

> 社会的财富即执行职能的资本越大，它的增长的规模和能力越大，从而无产阶级的绝对数量和他们的劳动生产力越大，产业后备军也就越大……因此，产业后备军的相对量和财富的力量一同增长。
>
> 但是同现役劳动军相比，这种后备军越大，常备的过剩人口也就越多，他们的贫困同他们所受的劳动折磨成正比。最后，工人阶级中贫苦阶层和产业后备军越大，官方认为需要

救济的贫民也就越多。这就是资本主义积累的绝对的、一般的规律。

了解了这一规律,我们就可以明白,资本主义在表面的光鲜背后,所付出的代价到底是什么。

马克思在这里谈到"绝对的、一般的规律"并不绝对,国家的干预、工人的斗争、社会的进步,都会对这一规律产生影响。因此我们也会观察到,资本积累会偶尔减轻贫困和失业。

永不消失的贫困与失业

但是很遗憾,从《资本论》出版直到现在,一百多年来,资本主义社会没能够反驳马克思提出的规律。

虽然大部分资本主义国家,如今也允许了工会的存在,也建设了社会保障体系,但是贫困和失业并没有随着这些措施而消失。

当马克思在《资本论》中回顾英国资本主义的发展历史,论证资本积累的一般规律时,他可能没想到,自己也在书写未来一百多年后各国资本主义的现状。

正因为产业后备军是资本主义发展的条件,所以资本主义国家确实也不会坐视失业者饿死,这不符合长远的利益。但是这些福利和救济,也不是真的都基于人道主义和对弱势群体的关怀,只不过是让他们勉强糊口,好在必要的时候投入到资本主义的劳动大军中的策略。

光靠微薄的失业救济就能活得开心的只是极少数案例,想要更多的尊严和自由,还得靠全职工作的薪水。

不要以为福利国家的失业救济养懒人。他们不是因为领了福利而放弃工作,而是丧失了工作的机会,只能领福利。而他们这种混吃等死的状态,并不出于自己的意愿,而是资本主义经济发展的必然结果。

无论是累死累活的在职员工,还是无事可做的失业者,都在用自己的方式,遭受着资本主义的剥削,更是为资本主义的建设添砖加瓦,谁也别说谁。

对于劳动者来说,他们的命运就是在资本主义的发展浪潮中周期性地沉浮。经济迅速发展的初始,劳动者可以享受到较好的待遇和较多的就业机会,而当经济发展放缓并转为产业结构调整时,劳动者们就要开始忍受更多的剥削和更多的失业了。

21世纪的"伦敦纺织厂工人"

无论是马克思时代流落街头的英国工人,还是21世纪被迫失业的欧美工人,概莫能外。很多我们当代看到的资本主义弊病,不过是马克思时代的往事重现。

马克思希望我们能够注意到,资本主义经济发展的表面光鲜之下,是底层人民的水深火热。即便是最先进的资本主义国家和地区,也不会例外。

比如,马克思考察伦敦城市的发展时,就注意到:

> 在伦敦,随着城市不断"改良",以及与此相连的旧街道和房屋被拆除,随着这个京城中工厂增多和人口流入,最后,随着房租同城市地租一道上涨,就连工人阶级中处境较好的那部分人以及小店主和中等阶级其他下层的分子,也越来越陷入这种可诅咒的恶劣的居住条件中了。

这种房租上涨和对低端人口的排挤也是当代各大城

市发展不可避免的通病，只不过我们现在换了个词，叫作"士绅化（gentrification）"。

美国的硅谷就是一个士绅化的典型例子。大家都知道硅谷的名气，但是可能很多人不知道，在这光鲜的背后，是硅谷居住成本的飙升和当地居民的流离失所。当硅谷的精英们在宽敞明亮的楼房里悠闲地喝着咖啡时，为这些精英服务的蓝领工人和外来移民服务员只能蜗居在贫民窟中。当然，绝大部分硅谷精英也只不过是工人贵族，自己也不掌握任何生产资料，一旦被公司开除，很多人就要和贫民窟的人同病相怜了。

即便是看似先进文明的信息产业，推广着人文关怀的硅谷大佬，在动用资本主义力量为自己开路的时候，也是不会在意他们碾过的蚂蚁的。

在这一点上，19世纪的纺织工厂和21世纪的互联网公司没有本质差别。

西方发达国家总是喜欢用高高在上的姿态去同情和怜悯第三世界的劳动者，的确，那些落后国家的工人的处境，就和百年前一样凄惨。但是我们现在也看到了，就是在硅谷、纽约、伦敦这些资本主义最发达的地方，底层劳工受到的剥削和压迫和世界上其他地方也是一模一样的。

经济再发达,也不过是资产阶级的声色犬马;政治再民主,也不过是资产阶级的金钱游戏;市场再自由,也不过是资产阶级剥削劳动者的自由。只要资本主义存在一天,马克思所记录下的故事就会不断重演,无论何时何地何种制度。

但是有人可能会有疑问:不管怎么说,发达国家也都是资本主义国家,他们的人均收入就是比第三世界高。即便底层人民生活是一样的,他们中的富裕人群,所谓中产阶级,也还是更多的啊?

没错,发达资本主义国家所体现的生活水平,的确具有诱惑力。如果资本积累的一般规律是对的,为什么那些国家,不光资本家富裕,很多普通人看起来也挺富裕呢?

那我们就得说道说道,这资本主义是怎么产生的?发达资本主义国家的富裕,究竟是从哪儿来的?

在黎明来临之前

——原始积累和殖民主义

"资本家们即便再想要强调个人的奋斗,也不可能抹消国家权力的帮助,'端起饭碗吃肉,放下筷子骂娘',这样的事情,资本家可是做得太多了。"

资本家不会说的原始积累秘密

资本家亲手熬制"成功学鸡汤"

资本主义的生产方式,是可以自我循环、自我强化的。当资本积累开始的时候,就会自动地不断再生产出掌握生产资料的资产阶级,和一无所有只能接受资本家雇用的无产阶级。然而,这一循环是如何开始的?

> 资本积累以剩余价值为前提,剩余价值以资本主义生产为前提,而资本主义生产又以商品生产者握有较大量的资本和劳动力为前提。因此,这整个运动好像是在一个恶性循环中兜圈子,要脱出这个循环,就只有假定在资本主义积累之前有一种"原始"积

累,这种积累不是资本主义生产方式的结果,而是它的起点。

我们之前讨论资本积累的时候,假设了资本家是靠诚实劳动得到了一笔本金。虽然这笔本金在之后的积累过程中很快就会被消费掉,转换成了资本剥削到的剩余价值,但是在一开始,资本家是通过一种正当的方式,完成了资本的"原始积累"。

现在我们要开始思考一下这个假设的合理性了。

资本家总是说,自己之所以成为资本家,成为有钱人,靠的是自己的奋斗和才智。只要像他们一样努力一样聪明,那么谁都可以成为资本家。

但是我们知道,在资本主义生产关系下,光靠努力和聪明几乎是没有出头之日的。无产阶级再怎么努力劳动,也只不过是给自己创造新的枷锁。而资产阶级再怎么懒惰,也可以坐享其成。正如马克思讽刺道:

> 这种原始积累在政治经济学中所起的作用,同原罪在神学中所起的作用几乎是一样的。亚当吃了苹果,人类就有罪了。人们在解

释这种原始积累的起源的时候,就像在谈过去的奇闻逸事……大多数人的贫穷和少数人的富有就是从这种原罪开始的;前者无论怎样劳动,除了自己本身以外仍然没有可出卖的东西,而后者虽然早就不再劳动,但他们的财富却不断增加。

马克思把这种资本家天生勤奋聪慧的故事形容为"儿童读物",但是"一旦涉及所有权问题,那么坚持把儿童读物的观点当作对于任何年龄和任何发育阶段都是唯一正确的观点,就成了神圣的义务"。

神奇的是,现代社会的成年人,一边取笑别人幼稚无知傻白甜,把相信真善美的人当作没长大的孩子;另一边呢,又对市面上"真正的儿童读物"——所谓成功学(正反版本的"鸡汤学""厚黑学""宫斗学")趋之若鹜,自认为离当上资本家只差一点小努力、小机会、小聪明、小手段。

第一桶金必然是带血的

可是,真正原始积累的故事是什么样呢?马克思的总结非常到位:

> 大家知道,在真正的历史上,征服、奴役、劫掠、杀戮,总之,暴力起着巨大的作用。但是在温和的政治经济学中,从来就是田园诗占统治地位。正义和"劳动"自古以来就是唯一的致富手段,自然,"当前这一年"总是例外。事实上,原始积累的方法决不是田园诗式的东西。

为什么田园诗是不可能的?

因为资本主义的生产方式要求一方是资本所有者,另一方是劳动所有者,一方掌握着生产资料只需要雇用劳动力,而另一方除了劳动力一无所有只能接受雇用。但是,在资本主义时代之前,劳动者要么本身就是奴隶或农奴,被他人当成生产资料直接占有;要么是自耕农或小生产者，自己掌握生产资料。

因此，资本主义的出现，一定要伴随着两方面的"解放"，一方面，是把劳动者从原先的封建关系的束缚中解放出来；而另一方面，则是把劳动者从他们自己的生产资料中"解放"出来。

资本主义的进步性，体现在劳动者从落后的生产关系中被解放了出来，带来了更高的生产力。资产阶级历史学家早就已经把这方面的历史说滥了。

不过，资产阶级对历史的推动并不是因为他们有更高的道德水平，而是因为资产阶级打破了阻碍生产力发展的旧秩序。当然，旧秩序是不会自愿退场的。无论是英国内战、法国大革命，还是美国南北战争，这些先进的资本主义国家，往往最后都要依靠暴力和革命，经历多次反复，才能打破旧秩序的束缚，确立起资本主义的统治地位。

如果我们只看到资本主义进步的这一部分，远远不能解释资本主义的产生和资本的原始积累。

当原先的劳动者从旧的封建奴役中解脱时，他们可不会自愿投入资本主义的新奴役。如果劳动者自身掌握生产资料，自己站着把钱挣了，那么劳动者就不会愿意替资本家卖命。而资本家如果不夺取生产资料,他们就不能雇用一无所有的劳动者。

> 劳动者的奴役状态是产生雇佣工人和资本家的发展过程的起点。这一发展过程就是这种奴役状态的形式变换,就是封建剥削转化为资本主义剥削。

历史的逻辑非常简单。资本主义从来不是在真空中建成的,资本家也不是从空气中冒出来的,他们必须建立在一个现实的历史的基础之上。

那么资本家的产生只可能有两条路,要么继承原先的封建地主和贵族的资产,把旧秩序的财富转化为新秩序的资本;要么就是掠夺原先公有或者属于平民的资产,通过旧秩序的权力来积累新秩序的资本。当然,大部分时候,这两条路是并行不悖的。

于是,"征服、奴役、劫掠、杀戮"就不可避免地开始了。这也是为什么马克思会说:"资本来到世间,从头到脚,每个毛孔都滴着血和肮脏的东西"。

很多国家看似采取了资本主义的理念和制度，建立了自由市场和民主政府，却没有得到发展，就是因为忽略了解放生产力的重要性。比如在很多国家，市场只不过方便了原先的王室或地主垄断和倒卖自己早就占有的资源，而不是鼓励竞争和发展。同样，在很多国家，民主也不过是帮助保守势力或者宗教团体靠着选票继续占据统治地位，继续束缚女性和社会底层，从而阻碍了社会进步和劳动力的解放。

原始积累的历史经验

马克思在《资本论》中主要考察了英国的原始积累问题。

马克思注意到，在15世纪，绝大多数英国人口就已经脱离了农奴状态，成为了自耕农。但是这些自耕农手上掌握的土地，很快就被地主、教会、新贵族、国家等势力以各种或明或暗或和平或暴力的方式掠夺了。大量失去土地流入城市的农民构成了第一批无产阶级，而占据土地的租地农场主就成了第一批农业资产阶级。

于是，资产阶级因为掠夺的财富而增加了购买力，扩大了国内消费的需求。而农民脱离了原先的土地和社区，丧失了自给自足的能力，只能从市场上购买自己的生活资料，国内的商业和工业也得到了发展。

资本主义的车轮就这样开始转动起来了。

这样依靠掠夺公众财富而取得的原始积累，不光发生在几百年前的英国，在20世纪也并不罕见。

对于很多资本家来说，如果不是继承财产，第一桶金的来源往往是灰色甚至黑色的。有些资本家往往是一开始从事着毒品或诈骗之类的生意，最后将资本投身于正当行业。不过随着现代金融体系越发复杂，越来越多的资本家发现了通过金融衍生品和股权重组来割韭菜的好方法，连洗白这一步都省去了。

甚至有些资本家直接掠夺属于国家或少数民族的土地和自然资源。最明显的例子就是如今俄罗斯的寡头们。他们都是依靠权力和内部消息，在苏联解体之时掠夺了本应属于国家和民众的财产，才一步步走到了今天的地位。有些人还是靠正当手段廉价购买了国有资产，有些人则是直接靠贿赂或者暴力，将大量财富划到了自己名下。

你可以说这些资本家有智商，敢于冒风险，所以才能成功。但是这世上从来也不缺比他们聪明比他们有勇气的人,很多人不愿意从事这种原始积累,只不过是良心上过意不去。

这样的人反过来还会被嘲笑为老实人。

即便是和那些成功赚来第一桶金的资本家做了同样的事情,也仍然要看机遇和巧合。每一个靠某种手段发家的人背后,都有无数的失败者在当垫脚石。

所以你要说资本家们为了完成原始积累需要有什么特殊的品质,恐怕真没有多少。真实的企业家精神,就应当如《资本论》中引用的这句名言一样:

> 一旦有适当的利润,资本就胆大起来。如果有10%的利润,它就保证到处被使用;有20%的利润,它就活跃起来;有50%的利润,它就铤而走险;为了100%的利润,它就敢践踏一切人间法律;有300%的利润,它就敢犯任何罪行,甚至冒绞首的危险。如果动乱和纷争能带来利润,它就会鼓励动乱和纷争。

资本主义国家的"发达"之路

殖民主义:暴力就是经济力

但是一个国家的资本主义发展,也从来不是建立在真空中的,而是与国际环境密切相关。因此,资产阶级最终的发展壮大,和国家自身的力量是分不开的。

> 美洲金银产地的发现,土著居民的被剿灭、被奴役和被埋葬于矿井,对东印度开始进行的征服和掠夺,非洲变成商业性地猎获黑人的场所——这一切标志着资本主义生产时代的曙光。……暴力是每一个孕育着新社会的旧社会的助产婆。暴力本身就是一种经济力。

欧洲各国资产阶级的命运,开始和自己国家在国际上的命运联系在一起了。哪个国家能够赢得国际战争，能够占据更多的殖民地，掠夺更多的原料，开辟更大的市场，哪个国家的工业资产阶级就能够得到更大的发展。

但是谁都清楚，当落后国家和地区的旧制度被殖民者打破之后，迎来的从来不是民众的解脱，而是新一轮的掠夺、杀戮和奴役，只为了服务于资产阶级。

真正的社会进步和政治解放，还是要靠殖民地人民自己来完成的。将进步说成是殖民者的恩赐，那就本末倒置了。当殖民地人民自己想要争取自由和进步的时候，殖民者给他们的可不是文明的支持，而是血腥的镇压。

比如菲律宾人民反抗西班牙统治争取民族独立的时候，美国先是在美西战争中利用了菲律宾人民赶走西班牙殖民者，随后便转而以菲律宾人民不够文明先进为理由，武力占领了菲律宾，将其纳入自己的殖民地。

或者说，殖民地的旧势力，如果有利于资本主义的掠夺，反而能够得到殖民者的全力保护。

直到今天，我们还能看到海湾地区的一些极为落后专制的政权，无论对待国民多么野蛮，只要能够输出石油资源，提供军事基地，便都能得到欧美国家的支持。

很多亚非拉国家的处境和几百年前并无不同，虽然争取到了自己的独立，仍然是资本主义国家的原料产地和商品市场，仍然为资本主义国家提供廉价劳动力和军事基地。

只要这些国家没有发展起自己的工业，在所谓自由贸易的压力下，就只能在经济上受制于资本主义国家。而没有工业发展，光靠卖原料，就谈不上任何实质的经济发展，无法真正改善人民生活，更无法发展科技和教育。

所以一方面，很多原殖民地国家的精英，都是在西方国家接受的教育。另一方面，西方国家的生活水平，也在不断地吸引着原殖民地国家的民众移民。

更不用说西方百年殖民历史遗留下的经济、政治、文化各方面遗产，都在影响着独立后的各国。很多非洲国家现在都在用法郎，依靠法国的驻军维持治安，打击恐怖分子和叛军，这就是殖民遗产的鲜活体现。

墨西哥前总统波菲里奥·迪亚斯有一句名言："可怜的墨西哥！离上帝太远，离美国太近！"说的是一百多年前墨西哥被美国瓜分领土的悲剧。这句话直到今天也被人们铭记。

国家的穷和富、弱和强，最后也都往往是一个恶性循环了。一个国家之所以现在富强，只是因为它之前富强，一个国家之所以贫弱，只是因为它之前贫弱。

于是，就好像资本家和无产阶级的关系一样，发达国家和落后国家也有所谓的"原罪"。发达国家喜欢教育落后国家，一个国家落后是因为不够先进文明，不够民主自由，所以发达国家一直想要制定这个世界的规则和标准，而发展中国家但凡进步一点点就被看不顺眼。

在发达国家大谈成功学的时候，它也肯定不会提起自己的原始积累是如何在殖民地的种族屠杀中完成的。

国家力量从未隐退

不过，国家毕竟是有兴衰的。曾经的发达国家也可能成为落后国家，从前贫弱的国家也可能变得富强。

原因在哪里呢？

马克思让我们注意，秘诀就在于强大的国家权力：

> 但所有这些方法都利用国家权力，也就是

利用集中的、有组织的社会暴力,来大力促进从封建生产方式向资本主义生产方式的转化过程,缩短过渡时间。

所以欧洲崛起的国家,如英国、法国,都是很早完成了国家的统一和王权的集中,才可能运用国家权力来推动资本主义的发展,为资本主义的积累创造条件。

资本家需要国家权力的保护才能在对外竞争中处于有利地位,而国家也需要强大的资产阶级来支持自己对外的扩张。

除了殖民主义,马克思还提到了三项与国家权力相关的资本原始积累的源泉:国债制度、现代税收制度和保护关税制度。

马克思将国债形容为"原始积累的最强有力的手段之一"。国债的作用在于可以迅速集中社会上多余的闲散资本,吸收从殖民地掠夺来的财富,通过信用交易让金融产业兴盛起来。而这些集中的资本,不光创造了金融资本家,也是国家对外扩张的保障。这也是为什么现代国家都喜欢赤字运行,明日的债务就是今天的财富,而今天的财富可以创造更多的财富来偿还明日的债务。

同样，国际信用也是积累的源泉之一。比如马克思就注意到，荷兰的资本积累来自于对威尼斯的掠夺，而美国的"身世不明的资本"则来自于"昨天还是英国的资本化了的儿童血液"。直到今天，美国的国债仍然吸收着来自全世界的资本化了的儿童血液。

国债吸收资本的能力和国家权力的强弱是直接相关的。所有的债都是要还的，没有国民和国家会借钱给还不上钱的政府。而政府的财政来源，最终还是取决于税收，也就是取决于国家的执政能力。

即便在经济最为自由放任的美国，税收也从不缺少强力和管制。正如美国前总统富兰克林的名言所述："这世上一切都是不确定的，除了死亡和税收。"

国债的信用当然来自于财富和军事，但最重要的，还是财政能力，是税务部门从民众手里把钱扒出来的能力。现代税收制度也是对政府能力的综合考验，既需要政府监督企业和民众，靠强制力征税的能力，也需要政府提供公共服务，感召民众和企业自愿缴税的能力。

反过来说，凡是不依赖政府财政税收，而是依赖自然资源或者外国援助的国家，政府的执政能力就可有可无了。而政府的执政能力若是得不到锻炼，一旦自然资源枯竭或面临外部风险，就要有大麻烦了。所以很多依靠石油收入生存的国家，平时光鲜亮丽，危机的时候往往一触即溃，就是这个道理。

各种税收制度难逃不公平的影子

对于资本主义国家来说，税收的负担并不是平等的。虽然绝大多数国家名义上对富人征税的比例要远远高于穷人，但实际上税收加在穷人身上的负担却远比富人要沉重。

马克思就指出来，英国政府对必要的生活资料征收重税，就是对下层民众的"暴力剥夺"。因为穷人必须购买生活必需品，也就必须同时上缴消费税。而对于富人来说，这点消费税本来也算不上什么，而他们的生活用品也往往并不来自市场。

消费税对穷人不利，所得税也是一样。穷人的主要收入来源就是工资，政府可以轻松监管并征税。而富人的收入来源于资本，在全球化的当下，资本的流动极为轻松，所以很多富人的资本都不会留在本国乖乖等着征税，而是挪到各种"避税天堂"。

所以现在有一个概念叫作"竞次（race to the bottom）"，就是说在资本自由流动的今天，各国为了留住资本，争相提供税收优惠，放松对资本的管制，从而进一步恶化贫富差距和社会环境，到头来只有资本家得利。

除了普通税收之外，保护性关税也是资本积累的重要来源。对外国进口产品征收重税或者对本国出口产品提供补助，可以有效地帮助本国资本家积累财富。

马克思提到，关税和补助会"强制性地摧毁其附属邻国的一切工业"，爱尔兰的毛纺织工场手工业就是这样被英国摧毁的，更不用说被廉价棉布冲垮市场而大量饿死的印度手工业者。

因此，对于欧洲各国来说，关税是本国产业发展不可或缺的保护措施。在没有国际组织和大国协调的情况下，商业上的竞争与战争无异。谁要是真的信了自由贸易，对关税不设防，谁就会遭受重大损失。

早期历史上没有一个大国是真正靠自由贸易发展本国工业的，无论是最早的英国和法国，还是后来的德国和美国，都为了保护本国弱小产业，在初期实行严格的保护主义和积极的商业剽窃，只是到了后来，各国发达之后，才开始嚷嚷着自由贸易和版权保护。

当然，保护性关税政策直到现在也没有停止。美国对中国的贸易战，不过是把旧传统又找了回来。美国对中国产品征税，显然不是因为什么中国违反贸易原则，而是其对本国产业丧失竞争力的担忧。

只不过到头来，为保护性关税买单的，还是需要购买中国产品来生活的美国平民，而从保护性关税中得利的，还是美国的资本家们。

可见，从马克思时代到现在，资本主义国家的税收和国债制度，本质上就是资本家购买国债获利，政府发行国债集资，而最后由中下层民众上缴税收和关税为财政买单的体系。

资本家们即便再想要强调个人的奋斗，也不可能抹消国家权力的帮助，"端起饭碗吃肉，放下筷子骂娘"，这样的事情，资本家可是做得太多了。

反正成功都是自己的，失败都是社会的。创造就业激励人心的好形象是自己的，剥削工人干预经济的脏活儿都是国家的。

为什么只有社会主义才能救世界

资本主义不过是人类历史的一个阶段

资本主义的消亡,是唯一的出路,也是历史的必然。正如资本主义的产生也是历史必然一样。

为什么这么说呢?

我们从资本主义的历史中可以看到,原始积累,本质上是剥夺个体劳动者所有的生产资料,将其集中到资本家的手中。

这种剥夺在历史上是有一定进步意义的。当个体劳动者拥有自己的生产资料时,他们的生产是分散的个体的,而这种"小生产"——

> 既排斥生产资料的积聚,也排斥协作,排斥同一生产过程内部的分工,排斥对自然的社

会统治和社会调节，排斥社会生产力的自由发展。它只同生产和社会的狭隘的自然产生的界限相容。

简而言之，这种以个体为基础的生产方式，排斥生产力的进步。

就好像历史上的小农经济一样，大家只管自己的一亩三分地就够了，不需要和他人太多协作，也不需要关注技术的进步。即便到了现在，个体的农民和小生产者也往往是排斥进步的。这不光是因为他们本身的思想落后保守，更是因为他们的生产方式不需要进步，而他们的积蓄和储备又不足以让他们承担失败的后果。

因此，这种小生产若是持续下去，就只有"普遍的中庸"。

当生产力发展到一定程度，就不可避免地产生了内部的矛盾，小生产的生产方式孕育了消灭自身的力量。当进步和突破成为可能，人类的渴望和冲动就不可能被束缚，落后的生产方式注定要被消灭。

于是对小生产者的生产资料必须进行剥夺，并集中成为资本，才能允许技术的进步和生产力的提升。就好像农业的机械化只可能在广袤田野上实现，工业的机械化只可能在大型厂房中完成。

但是这种生产资料的剥夺，我们已经看到，在实践中，往往是以极其残酷的方式来进行的。"对直接生产者的剥夺，是用最残酷无情的野蛮手段，在最下流、最龌龊、最卑鄙和最可恶的贪欲的驱使下完成的。"

因此当资本主义宣称自己的核心是私有制的时候，我们要意识到，这里的私有制，是以资本所有权为核心的私有制，而不是小生产模式下，以劳动所有权为核心的私有制。

资本主义私有制，是以牺牲个体生产者的私有制为代价的。所以当马克思提出消灭私有制的时候，也是要消灭这种以剥削和不劳而获为核心的私有制，而不是消灭普通人的劳动所得。

但是资本主义的生产方式在发展到一定阶段后，也会产生消灭自身的力量。资本积累的规律就是资本的集中，而这种集中不光体现在对小生产者的剥夺，更体现在对资本家的剥夺。

正如我们现在看到的，在欧美资本主义国家，贫富差距越来越大，财富越来越集中，不光下层民众被剥夺财富，也有越来越多的中产阶级甚至下层资本家也在残酷的市场中失去自己的财富。

但是这种财富集中的同时，是生产的社会化。在马克思的时代，他已经预见到：

> 规模不断扩大的劳动过程的协作形式日益发展，科学日益被自觉地应用于技术方面，土地日益被有计划地利用，劳动资料日益转化为只能共同使用的劳动资料，一切生产资料因作为结合的、社会的劳动的生产资料使用而日益节省，各国人民日益被卷入世界市场网，从而资本主义制度日益具有国际的性质。

这段话放到全球化的今天甚至更加适用。无论是我们日常消费的产品还是高精尖的设备，都是社会化大生产的成果，是全球劳动和技术的结晶。每一个劳动者的劳动成果，都是以世界上其他劳动者的努力为基础的。

但是我们刚才也看到，在资本主义制度下，这种社会化大生产，迟早会遭遇阻力和排斥，因为这只会让垄断资本的少数人获利，而让大多数为生产做出贡献的劳动者贫困。资本越来越深的剥削,也在遭遇着全世界劳动者越来越多的反抗。

更不用说,个体资本的逐利和短视,随着生产社会化程度的提高,也在制造着越来越大的危机。经济周期性的危机显示出来,世界经济的良好运转需要全球的共同努力,而资本集中于私人的所有制,也对这种合作与协调造成阻碍。

在社会主义运动风起云涌的时代,资本主义国家提高了无产阶级的待遇以缓解阶级矛盾,并进行着广泛的国际合作,暂时应对了社会主义革命的压力。苏联的解体似乎宣告了资本主义的生命力和优越性。

但是事实证明,资本主义的痼疾并没有得到根本的消除。当社会主义运动暂时消沉之时,资本主义就充分显露出了其本来的面目,暴露出了真正的矛盾。经济危机仍然在周期性地出现,贫富差距仍然在不断扩大,资本的垄断带来更大的破坏,更深的剥削,也激起更多的反抗。

社会主义才是人类的未来

因此,资本主义的私有制,与其社会化的生产方式越来越不相容。资本主义自身的矛盾,必然带来对自身的否定。

> 资本主义的私有制,是对个人的、以自己劳动为基础的私有制的第一个否定。但资本主义生产由于自然过程的必然性,造成了对自身的否定。这是否定的否定。

如同资本主义私有制取代原先的制度,资本主义自身也要被取代。

而这种否定的否定,是一种新的私有制:

> 这种否定不是重新建立私有制,而是在资本主义时代的成就的基础上,也就是说,在协作和对土地及靠劳动本身生产的生产资料的共同占有的基础上,重新建立个人所有制。

是的,这就是马克思对于未来社会主义所有制的设想,跟某些资本主义宣传所叫嚣的"侵犯产权""鼓励懒惰""抵制进步""破坏自由"毫无关系。

相反,劳动者的产权,只有在社会主义下占有自己的劳动成果,才能得以保障。

而只有劳动者的产权得以保障,劳动者才能将工作视为享受而非压迫,充分发挥自己的积极性。

而只有劳动者积极劳动,并在社会主义制度下共同合作,才可以真正发挥资本主义所带来的先进生产力与社会化的生产方式。

而只有社会主义制度下先进的生产力和平等的产权制度,才能让每个人都享受到进步的成果,而无须被资本奴役,从而得到真正的自由。

简而言之,真正的所有制,将使人真正成为人。

从百年前马克思写作《资本论》,直到现在,无数的社会主义者前仆后继,都在为摆脱人的异化,争取人类真正的自由而奋斗。

很遗憾的是,社会主义革命只在少数国家取得了成功,在更少的国家得到了延续。

现在的时代，如同百年前一样，资本主义不光占据着物质上的优势，也占据着理论和道义上的话语权。

马克思写作《资本论》，是为了揭穿对资本主义的美化和宣传，揭露资本主义制度的剥削本质。他也预见到了，自己的作品和自己所坚持的社会主义理想，终将受到资产阶级的攻击和丑化。只是马克思可能没有想到，这样的丑化会延续如此之久。

相信各位读者在阅读完本书之后，能够识破资产阶级对马克思的污蔑，发现《资本论》中光辉灿烂的思想，认清资本主义的实质，为社会主义的事业和全人类的解放，做出自己的贡献。

全世界无产者，联合起来！

后　记

我第一次系统地接触《资本论》是在大学本科人大经济学院谢富胜老师的课上。回想起来，本书之所以能够问世，还得感谢当年谢老师灵性而幽默的授课，让我深刻地领略到《资本论》和马克思主义的魅力所在。

每读一遍《资本论》，我都感叹一番，马克思和《资本论》无愧于其历史地位。如果这么好的书不能让更多的人读到、感受其丰富内涵，真是太可惜了。

当今时代，很多人受限于忙碌的生活，没有时间阅读《资本论》，也有很多人出于对马克思的种种误解，没有意愿去阅读《资本论》。因此，我希望能用一种通俗而直接的方式，向大家介绍《资本论》，让大家明白，为什么我们现在读《资本论》是有意义的。

我觉得自己本质上是在做一个"翻译"的工作，把百年前马克思写下的文字和其中蕴藏的思想提炼出来，转换成今天读者感兴趣的、更易接受的方式,让大家可以突破时间与空间的限制,与当年的马克思进行思想上的对话。如果各位读者阅读本书之后能对《资本论》原典和马克思本人产生更大的兴趣,那么这本书就发挥了它的价值。

马克思在《资本论》中所揭露的资本主义社会的黑暗与资本家的残酷在今天依然不过时,这本书呈现给大家造成这些黑暗与残酷的原因以及我们该如何应对,可以说这是一本当今资本经济下我们的"生存指南"。

在写作本书的时候,正值新冠肺炎疫情席卷全球。这次史无前例的疫情,正好暴露了资本主义的落后与残酷,印证了马克思的深刻分析。

当然,社会主义的胜利不是一蹴而就的,资本主义的灭亡也不在一朝一夕,这是一个与我们每个人的命运息息相关的话题。我们个人的未来,整个人类社会的未来究竟会走向何方,很难回答。但马克思在一百多年前的《资本论》里给出了他的推理和结论,并且影响至今。

在此,我也希望各位读者在阅读本书之后,能够对我们这个时代有一些自己的理解和思考。

© 周德宇 2021

图书在版编目（CIP）数据

用得上的资本论：当代社会人生存指南 / 周德宇著. —沈阳：辽宁人民出版社，2021.6
ISBN 978-7-205-10181-7

Ⅰ. ①用… Ⅱ. ①周… Ⅲ. ①《资本论》—通俗读物 Ⅳ. ①A811.23-49

中国版本图书馆CIP数据核字（2021）第072102号

出版发行	辽宁人民出版社
	地址：沈阳市和平区十一纬路25号　邮编：110003
	http://www.lnpph.com.cn
印　　刷	辽宁新华印务有限公司
幅面尺寸	130mm×185mm
印　　张	9.75
字　　数	130千字
出版时间	2021年6月第1版
印刷时间	2021年6月第1次印刷
责任编辑	李翘楚
装帧设计	留白文化
版式设计	姿　兰
责任校对	吴艳杰
书　　号	ISBN 978-7-205-10181-7
定　　价	49.80元